디지털 미디어의 이해

플랫폼과 알고리즘의 시대 읽기

디지털 미디어의 이해

플랫폼과 알고리즘의 시대 읽기

이시다 히데타카 지음 | 윤대석 옮김

사회평론아카데미

디지털 미디어의 이해

플랫폼과 알고리즘의 시대 읽기

2017년 9월 11일 초판 1쇄 펴냄
2020년 7월 15일 초판 3쇄 펴냄

지은이 이시다 히데타카
옮긴이 윤대석

펴낸이 윤철호 · 고하영
책임편집 고하영 · 정세민
편집 최세정 · 임현규 · 문정민 · 김혜림 · 김채린
디자인 김진운
본문조판 토비트
마케팅 최민규

펴낸곳 ㈜사회평론아카데미
등록번호 2013-000247(2013년 8월 23일)
전화 02-326-1545
팩스 02-326-1626
주소 03993 서울특별시 마포구 월드컵북로6길 56
이메일 academy@sapyoung.com
홈페이지 www.sapyoung.com

ISBN 979-11-88108-22-0 03300

＊일러두기
　본문의 각주는 모두 옮긴이의 주석이다.

서울, 도쿄, 뉴욕, 파리, 상하이 등 세계 어디를 가도 거대한 빌딩 벽면 스크린에 흐르는 광고나 스포츠 영상, 뮤직 비디오를 볼 수 있습니다. 또 통근 열차나 지하철에서는 스마트폰으로 동영상과 게임에 몰두하거나 메일과 메신저로 메시지를 주고받는 사람들을 일상적으로 마주할 수 있습니다. 어디에나 미디어가 있는 셈입니다. 세계 곳곳의 사람들이 실시간으로 디지털 미디어에 매개되어 서로 연결된 생활을 하고 있는 것입니다.

이러한 새로운 생활은 인류 역사로 보면 아주 최근에 일어난 큰 변화이지만, 이 책에서는 인류가 그림이나 문자를 쓰는 활동을 시작한 시점으로까지 거슬러 올라가, 될 수 있는 한 문명에 대한 거대한 조감도를 그리고 그 속에서 미디어 문제를 파악하고자 했습니다. 그리고 20세기 이후의 인문학이나 현대 사상이라는 앎의 지평을 바탕으로 하고, 또한 유럽 바로크시기에 탄생하여 컴퓨터 발명의 원천이 된 기호론이라는 학문을 재발견하고 갱신함으로써 미디어 문제에 새롭게 접근할 수 있는 시각을 얻고자 하였습니다.

미디어는, 인간의 무의식에 작동하여 사람들의 의식을 산업적으로 생산할 수 있도록 한 테크놀로지로 등장하여 20세기 이후 자본주의의 원동력인 문화산업을 발달시켰습니다. 이 책을 통해 저는 미디어를 생활 기반으로 하는 현대 소비사회를 분석하고, 21세기의 정보혁명이 단순한 기술의 발달이 아니라 인간 정신의 근간을 흔드는 문제임을 말하고자 했습니다. 그리고 우리 현대인 각자가 자신의 정신 생태학을 위해 미디어에 대한 지식을 가지고 미디어를 자율적으로 사용할 수 있는 환경을 고안하는 것이 중요함을 말하고자 했습니다.

한국과 일본을 비롯한 동아시아는 첨단 미디어 테크놀로지가 생활 곳곳에 침투하고 있고 유례가 없는 독특한 미디어 문화가 발달하고 있어 세계적으로 주목을 받는 문화 지역입니다. 일찍이 같은 문자와 비슷한 이미지 문화를 공유해온 동아시아 문화권이 지금은 새로운 테크놀로지 문자를 공통적인 기반으로 하여 새로운 미디어에 대한 문화 경험을 만들어가고 있습니다. 저도 한국의 동료 연구자 및 학생들과 더불어 미디어 문화와 정보산업 사회에 대한 공동 연구와 공동 토론회, 세미나 등을 진행한 경험이 여러 번 있습니다.

저는 미디어론이 현대의 새로운 인문학이 되어야 한다고 생각합니다. 이번 한국어판의 간행으로 테크놀로지 문자를 매개로 한 새로운 인문적 앎의 탐구가 한국의 독자들께도 공유되고, 또 디지털 미디어를 함께 성찰할 수 있는 장이 넓혀진다면 그것만큼 저에게 기쁜 일은 없을 것입니다.

한국의 독자들에게

차례

들어가며

크로마뇽인은 '움직이는 문자'를 사용했다

이 책은 미디어와 인간 사이의 오래된 그리고 새로운 관계에 대해 말한 책이다. '어른을 위한 미디어론 강의'라고 제목을 지었지만[1] 어린이나 청소년이 읽으면 안 된다는 뜻은 아니다. 누구라도 읽을 수 있는 책을 쓰고자 노력했고, '문자를 읽고 쓰는 인간'[2] 모두가 읽을 수 있기를 바라면서 썼다.

---

1 한국어판의 제목은 이 책의 핵심 내용을 담을 수 있도록 저자와 협의하여 '디지털 미디어의 이해'로 바꾸었다.

2 우리는 보통 한글, 한자, 알파벳 등 "말을 눈으로 읽을 수 있게 나타낸 기호"를 문자(letter)라고 한다. 그러나 이 책에서 '문자(graph)'는 그러한 좁은 의미의 문자를 포함하여 인간이 의사소통과 자기표현을 위해 기록한 모든 것(문자, 도상, 그림, 사진, 영상 등)을 가리킨다. '디지털 문자', '시네마그래프 = 움직임의 문자', '문자(letter)보다 더 오래된 문자(graph)' 등이 그 용례를 잘 보여준다.

만약 크로마뇽인이 우리의 문자를 읽을 수 있다면, 그들도 이 책을 읽고 3만 년 후의 현대인이 경험하고 있는 미디어 생활을 상상할 수 있을지 모르겠다. 그리고 자신들의 미디어 생활과 비교할지도 모르겠다. 그런 생각을 하며 컴퓨터 자판을 두드렸다. 왜 크로마뇽인이냐고?

크로마뇽인이 이미 3만 년 전에 동굴이라는 그들의 미디어 장치를 가졌고, 거기서 원초적인 '시네마'를 읽고 썼다는 사실이 밝혀졌기 때문이다.

1994년에 발견된 프랑스 남부 쇼베(Chauvet) 동굴은 가장 오래된 동물 그림으로 가득하다. 돌진하는 소의 머리는 윤곽선이 여러 겹으로 덧그려져 있고, 질주하는 들소와 달려드는 사자의 네 다리는 몇 줄기의 선이 겹쳐져 있어 당장이라도 움직일 듯한, 말 그대로 '움직이는 그림(動畫)'으로 그려져 있다. 모닥불이 어른거리는 어슴푸레한 동굴의 어둠 속에서 떠오르는 동물들의 움직임은 영화의 연속적인 숏(shot, 영화 촬영의 기본 단위)처럼 그려져 있고, 영화 프레임의 분절처럼 여러 장면이 이어져 이야기를 만든다. 메아리쳐 울리는 사람들의 노래와 이야기가 어우러지면서, 동굴은 맹수를 사냥하는 사람들, 무리를 이루어 부대끼며 서로 뿔을 치받는 동물들의 질주와 울음소리가 생생히 눈에 보이고 귀에 들리는 선사 시대의 시네마 장치였던 것이다.

크로마뇽인은 호모 시네마토그래픽스(Homo Cinematograph-

크로마뇽인이 그린 쇼베 동굴의 사자 벽화

ics, 움직임을 그리는 인간)였다고, 이 동굴을 조사한 동굴 선사학자 마르크 아제마(Marc Azéma)는 말했다. 시네마토그래픽스의 어원이 '움직임(cinémato-)을 쓰다(graphe)'인 것을 감안하면 크로마뇽인들은 '움직임의 문자'를 '쓰고/그리고' 있었던 것이다. 선사학자들은 그렇게 결론을 내리고 있다.

크로마뇽인의 가르침

크로마뇽인의 미디어 장치는 현대의 미디어론에 많은 시사점을 준다. 동굴이라는 미디어 장치는 집단적 심리 장치이자 꿈의 장치였다. 또 그것은 지상의 자연광 속에서 펼쳐지는 동물들의 싸움과 인간의 수렵 행위를 기록·기억·재현하여 이후에 일어날 일을 미리 투영하는 상상력의 모태(matrix)였다. 또 그것은 흔들리는 모닥불 속에서 살아 있는 것들의 움직임을 생생하게 드러내며, 메아리치는 음향과 더불어 리듬에 맞춰 이야기하는 '서사 장치'이기도 했다. 시네마토그래프(움직임의 문자)라는, 문자 자체보다 더 오래된 문자는 움직임이라는 시공간적 현상을 시각 요소로 분해·분석함과 동시에, 보고 듣는 의식(意識)을 분절하고 종합하는 것이기도 했다. 우리가 거기서 끌어낼 만한 지식은 아주 많다.

그로부터 3만 년이 지나 인류는 진짜 시네마토그래프(영화)를 발명했다. 1895년 12월 줄줄이 걸어 나오는 리옹의 여공 행렬을 촬영한 뤼미에르 형제의 첫 영화 〈리옹의 뤼미에르 공장을 나서는 노동자들(La Sortie des ouvriers de l'usine Lumière à Lyon)〉이 제작되었다. 그것은 움직임을 시네마토그래프라는 테크놀로지 문자로 기록한 최초의 순간이었다. 그러나 동시에 이는 기계가 쓴 문자를 인간이 읽을 수 없게 됨으로써 테크놀로지 문자가 인간 의식의 통제를 벗어나는 미디어사(史)적인 순간이기도 했다.

우리는 초당 16프레임으로 흐르는 영상의 한 프레임 한 프레임을 볼 수 없기 때문에 영화가 기록하여 비추는 필름의 흐름을 움직임으로 볼 수 있다. 볼 수 없기 때문에 볼 수 있다는 미디어의 '기술적 무의식'의 문제가 인류 문명을 사로잡게 되었다. 미디어 테크놀로지에 지배되는 문명의 위기가 20세기 이후 인류 사회에 서서히 짙은 그림자를 드리워온 것이다. 이 책은 그러한 미디어 테크놀로지의 빛과 그늘을 독자와 함께 생각해보는 것을 목적으로 한다.

미디어라는 관점에서 보면 인류는 21세기에 이르기까지 한 세기 남짓한 동안 수 세기, 아니 수천 년에 해당하는 큰 변화를 경험했다. 오늘날 우리들은 0과 1의 기호열이 빛에 가까운 속도로 현란하게 계산되고, 모든 정보가 메모리로 무한히 축적되어가는 컴퓨터의 '수의 행렬(matrix)'이라는 동굴의 주민이 되었다. 그러한 미디어 문명의 변화 중에서 20세기 이후의 사건에 초점을 두고 논의한 것이 이 책이다. 책이라고 했지만 사실 이것은 내가 어느 출판사에서 주최한 교양 강좌에 사용한 원고를 대폭 고쳐 쓴 것이다.

이 책의 구성

1장에서는 프로이트의 '신비스런 글쓰기판'을 다룬다. 미디어를 실마리로 삼아 '심리 장치'를 구상한 프로이트의 이론과, 스마트폰·아이패드와 같은 미디어 단말기로 일대일의 관계를 맺는 21세기 현대 생활의 유사성을 고찰한다. 마음의 움직임과 그것을 보완하는 미디어 장치가 정확하게 대응하게 된 것이 현대의 '미디어 문제'이기 때문이다.

2장에서는 미디어 문제와 문자 문제가 직결된 것이라고 생각하는 나의 기본 입장을 설명한다. 20세기 이후 시네마토그래프(cinematograph)와 포토그래프(photograph), 포노그래프(phonograph), 텔레그래프(telegraph)라는 테크놀로지 문자가 인류 문명을 크게 변화시켰다. 이것이 20세기 미디어 혁명인데, 미디어는 인류문명에 '기술적 무의식'이라는 큰 과제를 주었다.

또한 미디어와 문명의 문제를 고찰하는 학문적 틀로서 기호론에 대해 설명한다. 20세기 현대 기호론에서 거슬러 올라가, 컴퓨터의 사상적 설계도를 그린 라이프니츠의 바로크 시기 기호론에서 기호론의 뿌리를 찾고 그에 기반하여 기호론을 재정립해야만 현재 컴퓨터의 발달에 의해 진행되고 있는 '세계의 기호론화'를 포착할 수 있다는 것이 나의 이론적 입장이다.

3장에서는 대량생산, 대량소비를 특징으로 하는 20세기 자본주의의 구성요소로 테일러 시스템, 포디즘, 문화산업, 마케팅이라는 네 가지 요소를 거론한다. '욕망의 경제(리비도 경제)'라는 측면에서 20세기 미국 자본주의의 발달을 뒷받침한 것은 필름 영화, 레코드 음악과 같은, 아날로그 미디어 혁명이 낳은 '의식'의 산업적 생산이었다. 이것이 문화산업의 문제이다. 포드가

T형 포드를 벨트 컨베이어 시스템을 통해 대량생산한 것과 마찬가지로, 할리우드의 영화산업이 '꿈의 공장'에서 대중의 꿈을 장편영화로 '조립'했다는 것, 프로이트의 조카인 에드워드 버네이스가 대중의 '마음속에 숨겨진 시장'을 조작하는 노하우로서 마케팅 테크놀로지를 확립했다는 것을 설명한다.

4장에서는 20세기 제2차 미디어 혁명인 디지털 미디어 혁명에 대해 논의한다. 디지털 혁명이란 모든 미디어가 컴퓨터가 되는 대전환이고 인간의 기호 생활에서 기호와 정보가 표리(表裏) 관계가 됨을 의미한다. 그 원리를 포착하기 위해서는 라이프니츠의 보편기호론으로 거슬러 올라가 기호론을 정보기호론으로 재정립할 필요가 있다. 나아가 미디어가 디지털로 전환됨으로써 인간과 정보를 둘러싸고 검색인간화, 단말인간화, 언어자본주의, 알고리즘형 통치, 알고리즘형 소비 등 지금까지 존재하지 않았던 현상이 생겨난다.

5장에서는 디지털 미디어 시대에 생기는 의식 자원의 고갈이라는 위기와 이에 대응하는 '정신의 생태학'에 대해 생각해 본다. 인간의 정보처리능력을 넘어선 대량의 정보가 범람하는 미디어 생활에서는 '주의력의 경제'에 의한 의식 자원의 쟁탈이 격화되고 '과잉 주의(hyper-attention)' 상태가 일상화된다. 정보 생활에도 생태학적 관점이 도입될 필요가 있는 것이다. 이를 위해서는 미디어를 인식하는 지식 기술의 연구 개발,

미디어 생태계의 설계와 디자인, 공공 공간의 정비가 필요함을 주장할 것이다.

마지막으로 6장에서는 '미디어 재귀 사회를 위하여'라는 제목으로 미디어의 재귀화(再歸化) 문제, 미디어를 인식하는 회로를 사회가 정비해야 할 필요성, 정신의 생태학을 통한 대안적 미디어 사회에 대한 구상을 구체적인 사례를 들면서 전개할 것이다.

쉽게 설명하려 했지만 때로는 초보자가 이해하기 어려운 철학이나 인문학, 정보학의 이론도 등장할 것이다. 특히 2장과 4장에서 등장하는 기호론의 학설은 조금 어렵다고 느낄지도 모르겠다. 그럴 경우에는 그것을 건너뛰고 쉬운 부분부터 읽어나가도 좋을 것이다.

1장

미디어와 '마음 장치'

신비스런 글쓰기판과 아이패드

여기서 전개하는 미디어론이 어떠한 것인가를 설명하기 위해 우선 프로이트의 「'신비스런 글쓰기판'에 대한 소고(小考)」라는 짧은 글을 실마리로 삼고자 한다.

알다시피 지그문트 프로이트(Sigmund Freud, 1856~1939)는 정신분석의 아버지다. 그러나 여기서 정신분석학이나 심리학 이야기를 하려는 것은 아니다. 그는 1925년에 「'신비스런 글쓰기판'에 대한 소고」라는 논문을 썼다. 그가 여기서 다룬 '신비스런 글쓰기판'은, 독일어로는 분더블록(Wunderblock)이라 하고 영어로는 매직패드(magic pad)라 하는데, 이것은 일본에서도 오래전부터 잘 알려진, 일반적으로 '그림판', '매직 슬레이트(magic slates)'[1]라 부르는 어린이용 완구이다. 내가 어렸을

셀룰로이드

파라핀

점토판

그림 1-1 신비스런 글쓰기판(왼쪽)과 현재의 매직패드(오른쪽)

적에도 있었고, 여러분도 한번쯤은 사용한 적이 있을 것이다. 이것과 원리적으로 완전히 똑같은 구조를 가진 것이 요즘도 있다. 바로 애플의 아이패드나 아이폰이다.

프로이트는 '신비스런 글쓰기판'을 '마음 장치'를 고찰하는 실마리로 삼았는데, 만약 그렇다면 아이패드나 아이폰을 일상적으로 사용하는 현대인의 '마음 장치'는 어떻게 보아야 할까. 이런 문제를 생각해보자는 것이다.

그림 1-1의 오른쪽은 아마존에서 구입한 매직패드 사진인데, 프로이트가 그 논문을 쓴 1925년 당시는 조금 더 두꺼웠을 것이다. 지금은 자석이 장착된 펜에 보드의 쇳가루가 반응하여 그림이 그려지는 것도 있는 듯한데, 어쨌든 이것은 옛날부터 있었던 완구로서 글자와 그림을 그렸다가 표면의 파라핀지를

---

1 펜으로 쓰고, 뒤의 장치를 당기면 판이 지워짐.

떼어내면 그것이 사라지는 원리를 사용한다.

프로이트의 논문은 이러한 '신비스런 글쓰기판'에 대해 쓴 것이다. 프로이트는 이 필기구의 구조가 '마음 장치'를 고찰하는 적절한 모델이라고 생각했다. '신비스런 글쓰기판'의 소재 자체는 시대에 따라 달라졌으나 원리는 동일하다. 우선 표면에 투명한 셀룰로이드판(요즘은 플라스틱판)이 깔려 있고 그 아래에는 얇은 파라핀지가 깔려 있다. 또 그 아래에는 밀랍판(혹은 점토판)이 있다. 표면에 글자나 그림을 그리면 셀룰로이드판을 통해 파라핀지에 가해지는 압력으로 그 흔적이 남는다. 다시 파라핀지를 떼어내면 그 글자나 그림이 사라진다. 이런 식으로 썼다가 지우기를 반복할 수 있는 필기구가 '신비스런 글쓰기판'이다. 프로이트는 이것이 '마음 장치'의 모델이라고 생각했다.

기억을 보완하다

프로이트에게는 1890년대부터 지속적으로 몰두해온 연구 주제가 있었다. 기억은 어떻게 성립하는가 하는 문제와 지각·의식과 기억은 어떤 관계를 갖는가 하는 문제였다.

이 무렵 프로이트는 대단히 유명한 논문인 「자아와 이드(Das Ich und das Es)」(1923)를 썼다. 인간의 마음은 '자아'와 '이드'와 '초자아'로 구성되어 있다고 하는, 이른바 제2차 지형학(the second topology)을 제시한 논문이다. 이처럼 마음의 구조를 모델화하려는 시도를 하고 있을 무렵 '신비스런 글쓰기판'을 본 프로이트는 이것이야말로 마음의 모델이라고 할 수 있는 이상적인 필기구라고 생각했던 것이다.

「'신비스런 글쓰기판'에 대한 소고」의 논지는 다음과 같다. 사람이 메모를 하는 것은 기억력에 한계가 있기 때문이다. 기억의 보조기구에 메모를 함으로써 기억을 보완하는 것이다. 종이에 잉크로 메모하면 당연히 메모의 양은 점점 늘어난다. 그러다 그 종이가 메모로 가득 차버리면 새로운 메모를 할 수가 없다. 종이에서는 기억의 용량을 0으로 만들어 또 다시 입력하는 것이 불가능하다. 이처럼 우선 종이에 메모를 하는 기억 보조법이 있다.

또 하나는 칠판에 분필로 쓰고 지우는 방법이 있다. 이 경우 칠판이라는 미디어(매체)의 표면은 몇 번이나 지울 수 있다. 다르게 표현하자면 초기화할 수 있다. 따라서 입력에 양적 제한은 없다. 다만 지워버리면 기록이 남지 않기 때문에 기억을 보존하는 기능은 가질 수 없다는 딜레마가 존재한다. 우리 인간의 정신(마음 장치)에도 그러한 문제가 있을 것이다.

이것이 프로이트의 미디어론이 시작되는 지점이며 여기서부터 논리가 전개된다. 잉크로 종이에 메모하거나 칠판에 분필로 쓴다는 것은 결국 미디어를 사용하는 행위이다. 미디어를 사용함으로써 인간의 심리 활동을 보완하는 것이다. 거꾸로 말하면 인간 심리 활동의 연장선상에 이들 미디어가 존재한다. 종이나 칠판 등의 기억 장치는 인간 정신을 보완하는 것이라 할 수 있다.

마음의 연장 — 신체확장론

대체로 프로이트는 미디어를 인간 정신을 보완하는 것으로 이해하고 있었다. 이 무렵에는 아직 미디어론이라는 학문이 존재하지 않았다. 나중에 허버트 마셜 맥루한(Herbert Marshall McLuhan, 1911~1980)이 신체나 심리의 움직임을 연장하는 기술이 미디어라는 신체확장론을 이론화했는데, 프로이트는 그 전에 이미 종이 표면이나 칠판이 마음의 연장선상에 있다고 생각했던 것이다.

프로이트는 안경이나 사진기, 보청기가 눈이나 귀라는 감각기관을 보완하는 것이라고 말했다. 인간은 감각기관을 보완·연장하기 위해 귀와 똑같은 구조를 가진 보청기, 눈과 똑같은 구조를 가진 광학 장치(사진기, 안경, 망원경)를 만들었다. 그러나 인간의 기억능력은 보조기구(종이나 칠판)가 가진 한계를 가지지 않는다. 그런 의미에서 기억의 보조수단(미디어)은 인간의 기억 장치보다도 상당히 뒤떨어져 있다. 이에 비해 '신비스런

그림 1-2 **지그문트 프로이트**(1938년 런던의 서재에서)

글쓰기판'은 대단히 진화된 미디어다. 왜냐하면 이것은 칠판처럼 쓰고 지울 수 있기 때문이다.

여러분은 그것이 칠판과 똑같다고 생각하겠지만, 프로이트는 이 '신비스런 글쓰기판'이 쓴 것을 계속 담아둘 수 있다고 생각했다.

예전의 매직패드는 가장 아래 부분이 밀랍판(점토판)으로 되어 있어서 글을 쓰면 그 흔적이 계속 남아 문자나 그림이 쌓인다. 프로이트는 '신비스런 글쓰기판'이 그런 구조를 가진 점에 주목했다. 파라핀지를 떼어내면 그때마다 초기화되지만, 그와 동시에 글이나 그림이 밀랍판(점토판)에 기록으로 보존된다. '신비스런 글쓰기판'은 초기화와 보존을 모두 행할 수 있는 장치이기에 마음의 모델에 매우 가깝다는 것이다.

그러나 인간의 마음은 더 많은 것을 할 수 있다. '신비스런 글쓰기판'은 한 번 지워버리면 쓴 것을 되돌릴 수 없다. 그런 의미에서 한계가 있다. 만약 되돌릴 수 있다면, 다시 말해 모든 기억을 소환할(상기할) 수 있는 기능이 있다면 그것이야말로 말 그대로 '신비스런' 글쓰기판일 것이다. 즉, 인간의 마음과 동일한 구조를 지닌 장치가 된다. 마음 장치 바로 직전 단계까지 진화한 필기구가 '신비스런 글쓰기판'이라는 것이다.

또 프로이트는 이 논문 마지막 부분에서 흥미로운 말을 하고 있다. 자신의 이론대로라면 '신비스런 글쓰기판'의 맨 아래에 있는 밀랍판·점토판은 다양한 흔적을 담고 있다는 점에서 '무의식'에 해당하고, 그 위의 얇은 파라핀지는 '지각'이나 '의식', 이것을 보호하는 투명한 셀룰로이드판은 인간의 지각, 심리 활동을 보호하는 감각기관에 해당한다는 것이다.

쓰고 지우는 입력부분을 담당하는 것은 프로이트가 말한 '지각=의식계'의 시스템이다. 우선 감각기관에 자극이 입력되면 '지각'과 '의식'이 생긴다. 지각과 의식은 모두 지워지고 잊혀버리지만 그와 동시에 마음 밑바닥에 쌓여간다. 그것을 다시 소환할 수 있게 된다면 인간의 마음과 똑같은 기능을 가지게 된다.

이러한 '지각=의식계'의 활동은 신체 활동과 연동되어 있어 밤이 되어 잠이 들면 스위치가 꺼지듯 일단 사라진다. 반면 낮에 활동하고 있을 때에는 불이 켜지듯이 밝아진다. 이것이 반복된다. 그래서 프로이트는 '신비스런 글쓰기판'이 인간의 심리 모델에 가장 가까운 미디어 장치라고 했던 것이다.

기억을 담다, 지우다, 불러오다

1925년에서부터 한 세기 정도 지난 지금 우리는 아이패드를 사용한다. 이것은 말하자면 '신비스런 글쓰기판'이 진화한 것이다. '신비스런 글쓰기판'은 영어로는 매직 패드(magic pad)라고 하고, 실제로 컴퓨터의 역사에서는 매직 패드라는 인터페이스가 제안된 적이 있는데, 그것이 진화한 것이 애플의 아이패드다.

아이패드도 '신비스런 글쓰기판'과 마찬가지로, 글을 쓰거나 여러 가지 사진, 동영상을 촬영한 뒤 간단하게 그것을 지울 수 있다. 그러나 한 번 입력된 것은 메모리나 서버에 저장되어 언제든지 불러올 수 있다. 무엇을 썼는지 무엇을 찍었는지 검색하면 간단하게 나온다. 그렇기 때문에 프로이트가 아이패드를 알았다면 정말 기뻐했을 것이다. 이것이야말로 그가 생각한 이상적인 '신비스런 글쓰기판'이라고 하면서 말이다. 우리는 프로이트가 생각한 마음 장치와 똑같은 기계를 실제로 가지고 있는 셈이다.

프로이트가 말한 이상적인 '신비스런 글쓰기판'은 현대의 미디어 단말기와 굉장히 유사하다. 극단적으로 말하면 '신비스런 글쓰기판'은 바로 아이패드 그 자체인 것이다.

한 번이라도 입력된 텍스트나 음성, 영상은 비록 지우더라도 컴퓨터의 메모리 혹은 서버에 그 흔적이 남아 있다. 컴퓨터라는 기계가 메모리(기억)를 갖고 있다는 것도 대단히 재미있는 비유이다. 미디어 단말기를 통해 외부 세계에서 받아들인 무한한 자극이 의식을 통과하여 사라지면서 기억 속으로 보내진다.

현재 우리들은 이러한 '마음 장치', 엄밀하게 말하면 마음의 보조 장치를 손에 들고서, 이를 통해 세계와 연결된다. 이것이 21세기의 미디어 상황이다. 이러한 마음 장치에는 아이패드뿐 아니라 스마트폰 등도 있다. 지금은 모든 기계가 컴퓨터가 되었기 때문에 '마음 장치'는 도처에 존재하며 이를 통해 우리들은 연결되고, 또 서로 소통한다.

우리들은 사람과 대화하는 것이 아니라 전화기와 대화한다. 우리들은 세계를 보고 있는 것이 아니라 컴퓨터 화면을 보고 있다. 이러한 마음의 대리 장치를 매개로 우리들은 사람들과 또 세계와 연결되는 것이다. '마음 장치'를 외부화하여 들고 다니면서 그 속에 다양한 기억을 담아두고 또 끄집어내고 하는 것이다. 이것이 미디어화된 세계를 살아가고 있는 우리들의 자화상이다.

마음의 구조

프로이트는 '신비스런 글쓰기판' 맨 아래에 있는 밀랍판(점토판)에 새겨진 흔적의 영역이 '무의식'이라고 했는데, 우리들의 정보 단말기에서 무의식에 해당하는 부분은 기술을 매개로 다른 사람들 및 세계의 정보 흐름에 연결되어 있다. 우리들은 그것으로부터 다양한 정보를 받는다. 그러니까 우리들이 지금 아이패드나 스마트폰을 통해 영위하는 커뮤니케이션 생활과 100년 전에 프로이트가 생각한 인간 심리의 '마음 장치'는 기술적으로 정확하게 대응한다. 우리들은 지금 그런 시대를 살아가게 되었다.

프로이트는 '신비스런 그림판'으로 마음의 구조를 설명했다 [그림 1-3]. 우선 표면에 있는 투명한 셀룰로이드판은 '인간의 지각=의식계'를 보호하는 '감각기관'을, 그 아래에 있는 얇은 파라핀지는 '지각=의식계'를 개념화한 것이다. 그 부분에서 무언가를 보거나 들으며(지각), 또 그것을 알아채고 의식한다(의식). '지각=의식계'는 이를 담당하는 부분이다. 외부 세계로부터 감각기관을 통해 입력된 에너지는 셀룰로이드판(감각기관계)과 파라핀지(지각·의식계)를 통과하여 가장 아래에 있는 밀랍판·점토판(무의식)에 새겨진다. 이러한 심리 시스템 전체가 '자아'인 것이다. 그러한 자아는 더 아래에 있는 신체로부터도 흥분 에너지의 침입을 받고 있다. 당시 프로이트는 내부에서 다양한 신체적 흥분이 올라오는 이 영역을 '이드'라고 생각했다. 외부

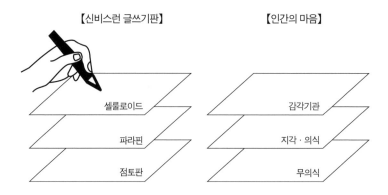

그림 1-3 '신비스런 글쓰기판'과 '마음'의 구조적 유사성

세계에서 입력된 자극과 신체 내부에서 올라오는 흥분으로 인간의 에너지계는 구성되어 있다. 이것이 마음 장치론이다.

그러나 '신비스런 글쓰기판'에서는 일단 입력된 기억을 다시 소환할 수 없다. 그것을 불러내기 위해서는 또 다른 장치가 필요하다. 프로이트는 이것을 '전(前)의식계'라고 불렀다. 이것은 언어기능을 말한다. 언어기능이 있으면 기억의 층에 입력된 흔적을 불러낼 수 있다. 실제로 우리들은 언어를 사용하며 과거의 기억을 의식으로 불러내거나 의식에 떠오르기 전의 상태로 기억한다. 그리고 필요할 때 기억의 영역을 검색할 수 있다. '신비스런 글쓰기판'에는 이러한 '전의식계'라는 시스템이 없기 때문에 기억 흔적을 불러낼 수 없다. 그러한 기능을 갖추게 된다면 그것이야말로 진정한 '신비스런 글쓰기판'의 완성일 것이

디지털 미디어의 이해

다. 프로이트는 그렇게 말하고 있다.

또 '초자아'라는 기능이 필요하지만 이것은 언어기능이 문화적으로 내면화된 것이라고 프로이트는 말하고 있다.

플라톤과 파라오 문자

이야기는 플라톤으로 거슬러 올라간다. 플라톤이 지은『파이드로스』라는, 대화로 된 책이 있다. 여기에서는 문자의 발명에 대한 유명한 신화가 나오는데, 프로이트의 '신비스런 글쓰기판'에 대한 논문과 똑같은 주제를 다루고 있다.『파이드로스』에서 소크라테스는 문자를 발명한 이집트의 테우트(Theuth)라는 신과 파라오(타무스왕) 사이의 대화를 소개한다. 테우트는 여러 가지를 발명한 기술의 신인데, 그 구절을 한번 읽어보자.

이 신이 맨 처음 수(數)와 계산법과 기하학과 천문학은 물론 장기 놀이와 주사위 놀이를 발명했고, 그 외에 문자까지 발명했다고 하네. 그 당시 이집트 전체를 다스리는 왕은 타무스였고, 그는 위쪽 지역의 큰 도시에 살았는데…[2]

---

2   조대호 옮김,『파이드로스』, 2판, 문예출판사, 2016, 140쪽. 이하 인용글의 쪽수는 번역서의 것임.

몇 줄 건너뛰고 읽어보자.

그런데 대화가 문자에 이르자, 테우트가 이렇게 말했다네. "왕이
여, 이런(문자를—옮긴이) 배움은 이집트 사람들을 더욱 지혜롭
게 하고 기억력을 높여줄 것입니다. 왜냐하면 그것은 기억과 지
혜의 묘약(pharmakon)으로 발명된 것이니까요." (140~141쪽)

그러니까 문자는 기억의 보조물이기 때문에 문자를 배우면
그만큼 앎이 진보할 거라고 말하고 있다.

그러자 타무스가 이렇게 대꾸했네. "기술이 뛰어난 테우트여, 기술에 속하는 것들을 만들어내는 능력을 가진 사람이 있다면, 그것들이 사용하려는 사람들에게 끼치는 손해와 이익을 판단하는 능력을 가진 사람은 따로 있는 법이오. (141쪽)

이 부분은 조금 이해하기 어려울지도 모르겠는데, 결국은 기술을 개발한 사람과, 그 기술을 사용하면 어떠한 장단점이 있는지를 판단할 수 있는 사람은 구별되어야 한다는 것이다.

이제, 그대는 문자의 아버지로서 그것들에 대해 선의를 품고 있기에 그것들이 할 수 있는 것과 정반대되는 것을 말했소. 왜냐하면 그것은 그것을 배운 사람들로 하여금 기억에 무관심하게 해서 그들의 영혼 속에 망각을 낳을 것이기 때문이오. (같은 쪽)

타무스는 문자라는 보조 도구를 사용하면, 기억이 문자에 의존하기 때문에 기억능력이 감퇴해 버릴 거라고 말하고 있다. 우리들은 완전히 '문자 인간'이 되어 버렸기 때문에 이러한 감각을 이해하기가 상당히 어려울 테지만, 전자계산기를 예로 들면 금방 이해할 수 있다. 우리들은 전자계산기를 사용하게 되면서 암산을 할 수 없게 되었다.

메모리와 리마인드

이 에피소드를 말한 것이 소크라테스이고 그것을 기록한 것이 플라톤이라는 점도 중요하다. 소크라테스와 플라톤은 단순한 사제 관계가 아니었다. 소크라테스는 말을 중요하게 여겼고 문자를 사용하지 않았다. 반면 플라톤은 소크라테스의 말을 기록한 사람이다. 여기에는 대단히 깊은, 문명의 과도기적 단절이 존재한다. 소크라테스는 타무스왕이 말한 바가 옳다고 생각하는데, 타무스왕은 나아가 다음과 같이 말한다.

> 그들은 글쓰기에 대한 믿음 탓에 바깥에서 오는 낯선 흔적들에 의존할 뿐, 안으로부터 자기 자신의 힘을 빌려 상기하지 않기 때문이오. (같은 쪽)

여기서 타무스왕은 더욱 분석적으로 말한다. 문자는 기억의 표지일 뿐이며 표지를 사용해 외부에 적어둠으로써 기억하게 되면, 자기 내부에서 상기하는 것이라는 기억력의 본래적 성격이 약화된다는 것이다. 이어서 다음과 같이 말한다.

> 그러니 당신이 발명한 것은 기억(mneme)의 묘약이 아니라 상기(想起, hypomnesis)의 묘약이지요. (같은 쪽)

이 문장은 조금 어려운데, 인간이 무엇에도 의지하지 않고 떠올릴 수 있는 능력을 기억, 즉 그리스어로 '므네메(μνήμη)'라고 한다. 한편 상기(보조기억)는 그리스어로 '히포므네시스(ὑπό μγησις)'라고 하는데, 이런 말들은 지금도 그리스어에서 사용되고 있다. 컴퓨터의 리마인더(reminder)가 그것이다. 문자라는 것은 리마인드하는 장치에 지나지 않는다. '묘약'이란 것은 특별한 말로서 그리스로 '파르마콘(φάρμακου)'이라 한다. 이것은 약과 독을 동시에 의미하는데, 문자라는 것은 약인 동시에 독이라는 것이다. 그러한 양가적인 의미를 가진 파르마콘(묘약)이라는 말이 사용되고 있다.

문자와 묘약

이에 대해서는 대단히 장황한 철학적 논의가 이루어졌는데, 그 가운데 유명한 것이 자크 데리다의 「플라톤의 약국(La pharmacie de Platon)」이라는 논문이다. 플라톤의 책에서 이 대목은 문자란 무엇인가를 둘러싼 두 사람의 대화 부분이다. 타무스왕은 나아가 다음과 같은 반론을 제기했다.

그대가 그대의 제자들에게 주는 것은 지혜의 겉모습이지 진상이 아니라오. 왜냐하면 그들은 그대 덕분에 가르침을 받는 일없이 많은 것을 듣게 되고, 자신들이 많이 안다고 생각하겠지만 사실 대부분 그들은 무지하고 상대하는 데도 어려움이 있을 것이니 그들은 진정으로 지혜로운 자가 아니라 겉보기에 지혜로운 자인 까닭이오. (141~142쪽)

타무스왕은 문자를 통해 아는 척은 할 수 있지만 그것이 진정한 지혜는 아니며 책을 읽고 알게 된 지식은 겉보기뿐이라고 말하고 있다. 실제로 본인이 직접 배우고 스스로 습득한 지식이야말로 진정한 지식이고 책에 쓰인 것은 외부화된 지식에 지나지 않는다는 것이다. 이것은 '문자 인간'이 되어버린 우리들이 이해하기는 어려운 말이지만, 소크라테스에게는 상식이었다.

책에서 읽은 것을 토대로 아는 척하는 사람이 "그 책은 읽었는데."라고 말하자, 소크라테스는 "당신은 진정 그것을 알고 있는가?"라고 묻고는 "그러한 것은 가짜 지식이고 실제로 말로 획득한 지식이 진정한 지식이다."라고 거듭 말하고 있다. 지금으로부터 2,400년 전에 이미 문자에 대한 문제 제기가 있었다. 학문의 출발점이라 할 수 있는 플라톤의 대화편에서 이러한 문자론이 전개되었음을 기억해주기 바란다.

'복붙' 학생의 기원

플라톤의 아카데미아[3]에서 젊은이들이 문자를 통해 어설픈 지식을 얻는 것으로 만족한다고 소크라테스는 탄식했다. 요즘 대학교수들은 학생들이 책을 읽지 않는다고 한탄한다. 직접 책을 읽고 이해하지 않고 인터넷에 있는 지식을 베껴서 논문을 쓰거나 리포트를 제출한다고 탄식한다. 교수들은 항상 학생들에게, 그건 윤리에 반하는 행동이고 가짜 지식이라고 설교한다. 책에 있는 것, 스스로 읽고 머리로 이해해서 직접 쓴 것이야말로 진정한 지식이라고 말한다.

그런데 그리스의 아카데미아에서는 소크라테스가 이집트 신화의 타무스왕의 말을 빌려, 책에 쓰여 있는 것을 반복하는 것은 거짓 지식이라고 말했다. 이러한 차이는 도대체 어디서 비롯된 것일까. 우리 입장에서는 문자나 책에 대한 소크라테스의 생각이 대단히 이상하게 보이는데, 앞으로의 세상에서 컴퓨터로 복사하기와 붙여넣기(Ctrl C + Ctrl V)를 하는 것을 과연 거짓 지식이라고 단언할 수 있을까. 여기에는 미디어론의 핵심적인 문제가 숨어 있다.

우선 기억이라는 문제가 하나의 쟁점이다. 문자를 발명한 것

3　고대 그리스 아테네에 플라톤(Platon)이 세운 것으로 알려진 학교. 아카데미아는 기원전 387년경에 세워져 기원후 529년경까지 존속하면서 플라톤학파의 교육장으로 활용되었다.

은 기억을 위한 것이라는 주장이 있는 반면에, 문자와 같은 기술에 의존하여 기억하는 것이 아니라 내면으로부터 기억해야 한다는 주장이 있다. 그러니까 므네메(기억)인가, 아니면 히포므네시스(상기·보조기억)인가 하는 안과 밖의 대비가 존재한다.

또 하나의 쟁점은 기술이란 무엇인가 하는 문제이다. 인간의 안이 아니라 바깥에 놓여 있는 수단·기술을 사용하여 기억하는 것은 지금으로 말하자면 미디어를 통해 기억을 하거나 기억이 보조받는 것을 의미한다. 이 두 문제를 다룬 두 고전적 텍스트를 조금 더 읽어보자.

미디어란 묘약(pharmakon)이다. 이것은 좋은 효과도 있지만 나쁜 효과도 있다. 소크라테스는 이런 양가적인 말을 사용하여 기억이라는 문제를 말했다. 2,400년 전의 일이었다. 그리고 거의 100년 전에 프로이트가 '마음 장치'의 모델로 '신비스런 글쓰기판'에 주목했다. 현재 우리는 아이패드라는 '마음 장치'를 가지고 있는데, 이것은 우리 외부에 있다고 말할 수 있다. 그런 의미에서 미디어는 타무스왕에게 문자가 차지했던 위치와 동일한 지위를 가진다.

또한 프로이트는 '신비스런 글쓰기판'은 그것이 기억이라는 행위를 하지 못하기 때문에 아직은 인간의 마음이 아니라고 했다. 그런데 아이패드는 어떠한가. 그 장치는 모든 것을 잊어버리지 않고, 검색하면 금방 기억해낸다. 지금은 미디어로 만들어진 '마음 장치'가 그러한 기능을 가지는 데까지 진화했다.

그렇다면 아이패드(컴퓨터)가 기억하는 것과 우리들 인간이 기억하는 것은 동일한가. 혹은 미디어(컴퓨터)의 도움으로 생각하는 것과 인간이 마음(정신)으로 생각하는 것은 똑같은가. 그런 문제가 2,400년 전, 100년 전, 그리고 현재까지 반복적으로 등장한다. 이런 물음이 특히 기억이라는 문제를 둘러싸고 제기되었음을 염두에 둘 필요가 있다.

미디어는 마음 장치

기억의 문제를 거꾸로 생각해보기로 하자. 기억의 반대는 당연히 망각이다. 기억은 과거와 관련된 것이고 과거의 반대는 현재이다. 이 문제를 조금 더 생각해보자. 「'신비스런 글쓰기판'에 대한 소고」에서 프로이트가 특히 주목한 것은 쓴 것이 지워진다는 사실이었다. 기억의 양에는 한계가 있기 때문에 지금은 어떤 것을 지각하고 의식할 수 있지만, 그것은 점점 사라진다. 그는 이러한 마음 장치의 모델로서 '신비스런 글쓰기판'에 흥미를 가졌던 것이다.

미디어라는 것은 기억을 보충하는 장치이다. 인간은 아무래도 잘 잊어버리기 때문에 문자나 '신비스런 글쓰기판', 아이패드를 통해 기억을 보완한다. 그러면 의식은 어떠한가. 인간은 지각으로부터 여러 가지 정보를 입력받는다. '오늘은 이런 일이 있었지'라든가, '지금 무슨 말을 하고 있다'라든가 하는 식으로 항상 현재 시점에서 지각을 만들면서 생활하고 있다. 비유컨대 칠판에 분필로 썼다가 지우기 전의 어떤 기억의 총합이 현재인 것이다. 혹은 종이라면 거기에 쓰여 있는 동안이 현재이다. 그런 식으로 인간의 의식은 현재를 토대로 성립되어 있다. 그런데 기억의 양에 한계가 있는 경우, 그것이 쓰여 있는 상태로 보존된 동안에는 정보가 담겨 있지만, 그것을 초기화하면 쓰여 있는 정보는 과거로 보내지고 새로운 정보가 입력된다. 프로이트가 '신비스런 글쓰기판'이라는 미디어에 주목한 것은 그런 장치를 모델화하기 위해서였다.

그러면 현재의 의식과 미디어는 어떤 관계일까. 이것은 기억과 미디어의 관계와 짝을 이룬다. 지각으로부터의 입력이라는 부분에서 그러하다. 프로이트는 「신비스런 글쓰기판'에 대한 소고」에서 감각기관을 설명하기를 광학 장치(카메라 렌즈)와 같은 것을 통해 정보가 들어오는 것이라고 말한다. 실은 '정보'라는 용어를 사용한 설명이 일반화되는 것은 그 이후의 일이지만, 현대적인 표현으로 하면 그렇다는 것이다. 감각기관을 통해 정보가 입력되어 지각, 의식이 생겨나고, 마침내 그것이 사라져 차츰 기억으로 보내진다.

예를 들면 내가 스마트폰이나 아이패드, 컴퓨터 따위를 가지고 있지 않다면 현재의 의식은 내가 지금 존재하는 장소에서 입력되는 것에 한정되겠지만, 감각기관을 확장하는 다양한 장치를 가지게 되면 그것으로부터 다양한 정보가 입력된다. 이것이 미디어화된 생활이다. 우리들은 딱히 기억을 만들기 위해 TV를 보지는 않는다. 오히려 현재의 지각, 의식을 만들기 위해 TV를 본다. 그러니까 세계에 어떤 일이 일어나고 있는지, 어떤 사람이 말하고 있는지를 보는 것이다. 그런 식으로 현재를 조금씩 만들어냄으로써 의식 생활을 영위한다.

다만, 프로이트가 말했듯이 의식 안에서 정보를 처리하는 능력에는 한계가 있다. TV를 보고 있든 보고 있지 않든 간에 현재 시점에서 처리할 수 있는 정보량은 동일하다. 현재 시점에 인간의 지각의식이 가진 용량은 일정하지만, 다양한 감각기관을 대리하는 장치가 우리 주위를 둘러싸게 되면 다른 장소나 다양한 사람들의 현재 시점도 입력된다. 우리의 의식 생활은 그런 의미에서 점점 확대되고 있다. 이것이 20세기 이후의 일상생활이다.

지각과 의식은 만들어진다

19세기에는 사진기, 전화, 축음기, 전보, 영화 등 인간의 감각기관을 연장하는 입력장치가 연달아 발명되었다. 그것들이 인간 생활을 크게 변화시킨 것은 20세기이다. 20세기를 미디어의 시대라고 하는 것은 19세기에 발명된 다양한 기술이 인간을 둘러싸면서 현재 우리의 지각과 의식이 만들어지게 되었다는 의미이다.

다양한 정보가 우리들 의식에 입력되면 '신비스런 글쓰기판'과 똑같은 일이 일어난다. 점점 입력량이 많아지면 정보를 축적할 수 없기 때문에 그것과 동일한 정도로 정보가 삭제된다. 미디어의 역사에서도 그러한 일이 더욱 널리 일어나게 되었다. 예전에 신문은 매일 한 번만 인쇄되었기에 사람들은 24시간 동안 똑같은 정보를 읽고 있었다. 그러다 마침내 라디오가 발달하고 TV 방송이 시작되자 매시간 정보가 입력되고 삭제되었다. 나아가 지금과 같은 인터넷 시대가 되면 다양한 사람들이 다양한 기록을 남기고 또 그것이 차츰 삭제된다. 이처럼 다양한 지각, 의식이 생겨난다는 것은 그것과 동일한 분량의 정보가 사라진다는 것을 의미하기도 한다. 또한 정보가 차츰 사라진다는 것은 그것이 점점 망각되어 간다는 것을 의미하기도 한다.

처음에 미디어는 기억 장치였지만, 그것은 발달할수록 망각 장치가 된다. 정보 사이클이 점점 짧아져서 사람들은 더 많은 것을 잊는다. 다양한 미디어를 사용할수록 인간은 기억하지 않게 된다. 앞에서 타무스왕은 그 점을 지적한 것이다. 사람들은 기억하는 것이 아니라 기억하는 척하게 되었다.

디지털 미디어의 이해

나도 그렇지만 사람들에게 무언가를 전할 때 글로 쓰는 것보다 동영상이나 사진을 찍어 보내는 것이 손쉽기 때문에, 사람들은 기억하려 하는 대신 동영상이나 사진을 찍는 경우가 많다. 그러면 타무스왕이 말했던 것처럼 외부에서 기억하게 된다. 복사하기와 붙여넣기를 사용하는 학생뿐만 아니라 우리도 그렇게 되어버린 것이다.

　이렇게 되면 직전의 일도 쉽게 잊어버린다. 예를 들면 우리는 2011년 3월 11일 동일본 대지진 당시 쓰나미와 원전 사고에 관한 엄청난 양의 영상을 보았지만, 지금 그것들은 일상생활에서 거의 잊혔다. 그만큼 많은 동영상과 사진이 촬영·기록·보존된 사례는 역사적으로도 없을 텐데, 사람들은 순식간에 잊어버렸다. 그토록 거대한 사건이 일어났는데 4년도 채 되지 않아 순식간에 잊혀버린 것이다. 이것이야말로 미디어의 기억 문제가 아닐까. 그러니까 미디어는 기억의 장치임과 동시에 망각의 장치이기도 하다. 지금까지 말해온 것이, 앞으로 이야기할 미디어와 인간의 문제를 생각하는 실마리임을 기억해두기 바란다.

2장

테크놀로지 문자와 기술적 무의식

스마트폰을 들고 돌아다니다

앞 장에서는 프로이트의 「'신비스런 글쓰기판'에 대한 소고」를 실마리로 삼아, '마음 장치'와 미디어 단말기의 대응 양상과 그로 인해 발생하는 마음의 문제를 살펴보았다. 이 장부터는 이것을 사회 문제로까지 확대하여 생각해보고자 한다.

현재 세계의 수십억 사람들이 스마트폰을 가지게 되었고, 아이폰이나 아이패드 등의 미디어 단말기가 거의 한 사람에 한 대 꼴로 보급되었다. 그러면 거의 모든 사람이 미디어 단말기를 가지게 된 것은 무엇을 의미하는가.

우선 인간이란 무엇인가, 라는 아주 큰 이야기부터 시작하자. 이것은 사람은 어떻게 사람이 되었는가, 라는 인류 진화의 문제이다. 앙드레 르루아 구랑(André Leroi-Gourhan,

1911~1986)이라는 20세기 프랑스를 대표하는 선사학자·사회문화인류학자가 있다. 그는 선사시대 연구에 아주 큰 업적을 남긴 사람인데, 홋카이도 원주민인 아이누를 연구하러 일본에 온 적도 있다.

그가 1964년에 쓴 『몸짓과 말(Le Geste et la Parole)』에는 다음과 같은 이론이 등장한다. 진화론적으로 말하면 인간을 인간으로 만든 것은 '직립보행'이라는 것이다. 직립보행으로 앞다리는 걷는 기능에서 해방되었고, 발을 손으로 사용하면서 손짓과 도구 사용을 할 수 있게 되었다. 뇌는 직립에 의해 후두부, 전두부의 부피가 커지고 대뇌피질의 발달이 촉진되었다. 손으로 도구를 제작·사용하게 되었고, 발달된 대뇌피질은 말과 사고 활동의 중추가 되었다. 땅을 향하던 콧등이 지면에서 멀어지면서 치아, 입, 턱 등의 저작(詛嚼)[1] 기관과 이마가 후퇴하여 '얼굴'이 되었다.

직립보행으로 손의 해방과 뇌의 해방이라는 진화의 양대 사건이 일어났던 것이다.

손의 해방은 인간에게 기술을 가져다주었고 뇌의 해방은 고도의 인지 활동(언어, 표상, 기억)을 가능하게 했다. 네 발 보행을 하는 동물의 얼굴은 표정이 없는 콧등에 불과하다. 그러나 인

---

1 음식을 입에 넣어 씹는 기능.

49

테크놀로지 문자와 기술적 무의식

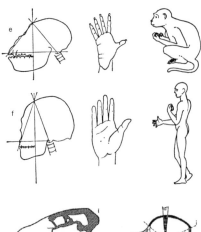

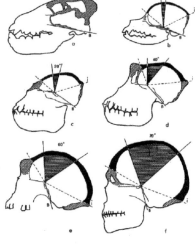

간이 직립하면서 그 부위는 표정을 가진 '얼굴(face)'로 변화했
다. 그러자 '얼굴'과 '말'이 연동하여 사람의 대면 관계가 생겨
나고 사회가 성립되었다.

몸짓에 의한 도구 사용이라는 '기술' 활동, 말과 이미지에 의한 '상징(기호)' 활동, 얼굴을 마주하여 소통하는 '사회' 활동이라는 세 가지 차원의 활동을 직립보행에 의해 진화론적으로 한꺼번에 획득할 수 있었다. 기술, 기호(상징), 사회라는 인간 문명의 기초를 이루는 세 차원은 여기에 연원을 두고 있는 것이다.

손의 해방은 기술을, 뇌의 해방은 언어 활동·표상 활동·기억을

인간이 직립보행을 시작함으로써 전두부와 후두부가 넓어졌다. 직립으로 머리가 땅에서 멀어지자 전두부와 후두부의 부피가 증가한 것이다. 예를 들면 개코원숭이의 뇌에는 후두부가 거의 없지만, 인간은 직립으로 전두부, 후두부의 부피가 증가하여 뇌가 발달하게 된 것이다[그림 2-3 참조].

그림 2-4는 캐나다의 뇌 외과의사이자 신경생물학자인 와일더 펜필드(Wilder Penfield, 1891~1976)의 '뇌 속의 난쟁이(Homunculus)'이다. 인간 뇌의 운동 영역(motor area) 및 몸감각 영역(somatosensory area)과 몸의 부위가 대응하는 관계를 정리·도식화한 것이다. 이것이 보여주는 것처럼 대뇌피질은 손이나 얼굴을 조종하는 중추를 구성한다. 직립에 의해 대뇌피질의 분포 범위가 부채꼴 모양으로 퍼짐으로써 언어, 사회관계, 손의 활동을 조종하는 중추가 새로이 생겨났다.

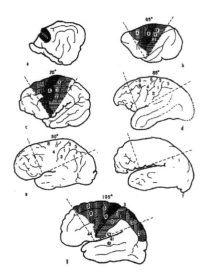

그림 2-3
인간 뇌에서의 운동 영역과
몸감각 영역의 발달

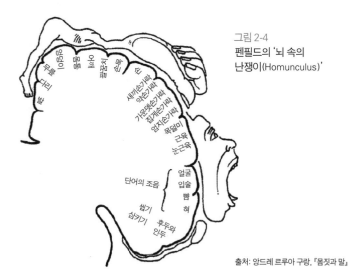

그림 2-4
펜필드의 '뇌 속의
난쟁이(Homunculus)'

출처: 앙드레 르루아 구랑, 『몸짓과 말』

르루아 구랑은 문명의 진화론적 근거가 여기에 있다고 생각했다. 기술은 인공 보조기구를 만들어낸다. 보조기구란 영어로 prosthesis라고 한다. prosthesis는 의수·의족이나 인공 장기처럼 인간 신체를 보철하는 인공물을 가리키기도 한다. prosthesis의 그리스·라틴어 어원을 분석하면 pros는 '~을 향해', '~ 앞에', '~을 위해'라는 뜻을 가진 전치사이다. 그리고 thesis는 '미리 위치(positioning)'한다는 뜻이다. 따라서 prosthesis란 무언가를 위해 미리 위치해 둔다는 의미이다.

예를 들면 돌도끼는 무언가를 자르고 쪼개기 위해 사용한다. 돌도끼는 나무나 동물 등 자르고 쪼갤 대상을, 실제로 사용되기 전의 시간과 공간 속에 그것을 사용할 인간 몸짓의 대상으로 위치시킨다. 인간은 도구를 만듦으로써 대상과의 관계를 시간적·공간적으로 선취하는 것이다. 그를 통해 인간의 시간, 인간의 공간인 인공적인 환경이 만들어진다. 미디어의 문제도 마찬가지로 이러한 기술 발생의 기원으로까지 거슬러 올라가 생각할 필요가 있는데, 그에 대해서는 이후에 설명할 것이다.

다음으로 생각해볼 것은 말과 이미지 활동의 기원이다. 뇌가 해방되면서 말과 이미지를 조종하는 고도의 뇌 인지 활동이 가능해졌다. 특히 대뇌피질이 그러한 인지 활동을 관장하고 있다. 이것을 상징 활동 혹은 표상 활동이라 한다. 내가 하고 있는 기호학, 기호론은 이러한 상징 활동에 대한 학문이다.

테크놀로지 문자와 기술적 무의식

기호론이란 ─ 기호론은 죽었다?

그러면 여기서 잠시 내가 연구의 기초로 삼고 있는 기호학, 기호론에 대해 이야기하도록 하겠다. 기호론(Semiotics)이란 언어, 이미지 등을 '기호(sign)'라는 개념으로 포착하고 이해하려는 학문이다.

　1980년 무렵 학생 시절을 보낸 사람들은 이 학문의 이름을 기억하고 있을 것이다. 그러나 근대 이후 일본의 경우 슬프게도 해외 학문의 유행과 쇠퇴 현상이 매우 심했다. 기호론도 일본이 거품 경제로 들끓고 있던 시대에 '소비사회' 현상을 설명하는 이론으로 한때 유행했다. 내가 도쿄대 교양학부에 부임한 것이 1992년이었는데, 그때 마침 교과목 개편이 있어서 '기호론'이라는 신설 과목을 담당한 이래 이십몇 년 동안 나는 이 학문에 종사해왔다. 그렇기에 감히 말하건대 기호론은 일본뿐만 아니라 세계적으로도 이미 유행이 끝난 학문이다.

　그럼에도 불구하고 현실 세계를 보면 지금이야말로 우리의 세계, 우리의 생활이 '기호론'화하고 있다. 기호론이 유행에 뒤처지고 기호학자가 구조조정을 당해도 사회에는 별 영향이 없을지도 모른다. 그러나 세계 자체가 '기호론'화되고 있는데도 현실에서 기호론이라는 학문이 소멸하여 버린 것은 조금 이상하다. 그런 의미에서 현재의 기호론은 역설적인 상황에 놓여 있다. 나는 이 역설을 거슬러 기호론이라는 학문을 근본적으로 재구성하고 그것을 혁신하는 일을 해왔다.

이것은 대단히 외로운 작업이다. 독단과 편견에 가득 찬 말이라는 것을 알긴 하지만, 세계에서 오직 세 사람 정도의 이론가만이 그것을 진행해왔다. 한 사람은 프리드리히 키틀러(Friedrich A. Kittler, 1943~2011)라는 독일의 유명한 미디어 철학자이다. 아쉽게도 그는 2011년에 세상을 떠났다. 또 한 사람은 나의 둘도 없는 친구이기도 한 프랑스 철학자 베르나르 스티글러(Bernard Stiegler, 1954~)이고, 그리고 일본에서는 오직 한 사람, 바로 나다.

지금 기호론을 전공하고 있다고 연구자들이나 출판 편집자 앞에서 입을 뗐다가 "아, 그거 끝장난 학문이지요."라는 다 안다는 투의 반응을 여러 번 마주했다. 30년, 40년 전에 유행하다 사라져버린 학문이 기호론이라고 많은 사람들은 생각한다. 기호는 시니피앙과 시니피에로 구성되어 있다든가, 언어는 차이에 기반하고 있다든가, 구조주의라든가, 롤랑 바르트의 기호학이라든가, 레비-스트로스의 인류학이라든가, 야콥슨의 언어학이라든가 하는 지식이 대체로 기호론일 거라고 예단하고 있는 것이다. 확실히 그것들도 기호론이기에 틀린 말은 아니지만, 그러한 낡은 이론을 어떻게 다시 재구성하는가가 더욱 중요한 과제다. 사람들은 지식의 최전선에서 무슨 일이 일어나고 있는지에 대해 무지하다.

해외 학문에 익숙해지면 외국에서 생겨난 이론을 유행처럼 소비하는 경향이 있다. 그러면 연구자는 진짜 창조적인 작업을 스스로 할 수 없게 된다. 유행이 끝나면 다른 유행으로 옮겨가는 것은 애석하게도 일본의 인문·사회 계열의 연구자에게서 곧잘 볼 수 있는 경박한 경향이다.

기호론을 갱신한다

그러나 내 연구는 기호론이라는 학문의 과제에 정면으로 맞서 현대 세계에도 충분히 통용될 수 있도록 그것을 개편하려는 것이다. 이론은 일시적인 유행처럼 소비되는 것이 아니라 이 세계를 근본적으로 이해하기 위해 스스로, 독자적으로 만들어 나가는 것이다. 특히 나처럼 환갑도 지난 연구자라면 학자 인생도 정리 단계이기 때문에 "나는 이런 것을 연구해왔다."라고 말하는 것을 넘어 "나는 연구 결과 이런 이론을 만들었다.", "이것이 나의 기호론이다."라고 말할 수 있어야 진짜 학자이다. 특히 일본의 인문·사회과학 영역에서 독자적인 이론을 만드는 작업을 하는 사람은 많지 않다.

학계에 대한 불평, 불만은 이 정도로 하고, '세계 자체가 기호론화 되었다.'라는 말이 무슨 뜻인지를 설명하도록 하자.

지금 전화, TV, 카메라, 비디오 등 모든 미디어 기기, 정보통신기기가 디지털화된 것은 여러분도 잘 알고 있을 것이다. 일본에서는 몇 년 전에 TV의 디지털화가 실현되어 아날로그 TV의 시대는 끝이 났다. 이는 TV가 전면적으로 컴퓨터가 되었음을 의미한다. 최근에는 종이책의 전자책화라는 말로 떠들썩한데, 이것도 책이 컴퓨터가 되는 것을 의미한다.

전화도, TV도, 가전제품도, 책도, 신문도, 모두 각기 다른 형태를 취하고 있지만, 원리적으로는 이 모든 것이 컴퓨터가 되고 있다. 지금은 안경이 구글 글래스(google glass)가 되고, 자동차가 컴퓨터로 조종되는 무인자동차가 되는 등, 사물 인터넷(Internet of Things: IoT)이라고 말하는 것처럼 모든 것에 IC칩이 내장되어 현실세계의 모든 것이 컴퓨터의 원리로 움직이게 되었다. 우리들은 컴퓨터화된 세계에서 살아가고 있다. 이것이 '세계가 기호론화되었다.'라는 말의 의미이다.

기호론이 컴퓨터를 낳았다

기호론적 관점에서 보면 '세계가 기호론화되었다.'라고 표현할 수 있다. 왜 그런가 하면 컴퓨터의 원리를 생각해내고 그것의 철학적 설계도를 그린 기초 학문이 기호론이었기 때문이다.

TV나 전화, 스마트폰, 아이패드라는 것은 모두 '기호론 기계'로서 오늘날에는 이러한 기술 기기가 우리 생활을 에워싸고 있다. 휴대전화처럼 그것들은 우리 한 사람 한 사람에게 딸려 있게 되었다. 모든 사람들이 스마트폰이나 휴대전화를 들고 다니며, 구글 글래스와 같은 웨어러블 컴퓨터(wearable computer)[2]의 경우는 그러한 단말기를 몸에 밀착시켜 생활하고 있는 것이다. 나아가 IC칩을 신체에 삽입하는 수준에까지 도달했다. 우리 인간은 컴퓨터를 몸에 두름으로써 사이보그 단계의 한발 앞에 와 있는 것이다.

그런데 지금 그 학문적 설계도를 그린 기호론이 잊히는 역설적인 사태가 일어나고 있다. 그렇기 때문에 기호론이라는 학문의 뿌리를 재구성해야 할 필요가 있다. 그리고 왜 그런 상황에 이르렀는가를 다시 검증해야 한다.

미리 말해두자면 기호론이 쇠퇴한 이유는 20세기 후반에 유행한 기호론이 아날로그 미디어 시대의 기호론이었기 때문이다. 지금 요구되는 기호론은 컴퓨터화한 디지털 미디어 시대의 기호론이고, 지금이야말로 기호론이 학문으로서 진정 자신의 모습을 드러낼 순간이다.

---

2 입거나 착용 가능한 작고 가벼운 컴퓨터.

기호론의 두 가지 기원

기호론에는 두 가지 기원이 있다.

앞에서도 말했듯이 그 가운데 하나는 일본에서 1980년 무렵 유행한 것으로, 스위스 언어학자 페르디낭 드 소쉬르(Ferdinand de Saussure, 1857~1913)와 미국 철학자 찰스 샌더스 퍼스(Charles Sanders Peirce, 1839~1914)를 출발점으로 한다. 이것이 20세기 현대기호론이다.

그러나 이보다 더 오래된, 바로크 시대의 기호론이라는 또 하나의 계보가 존재하는데, 이 둘은 서로 연관되어 있다. 인식의 역사를 이해하고 있는 사람의 입장에서 보면 이것들은 하나의 연속된 학문 계보이지만, 어느 정도는 구분된다. 이러한 바로크 기호론이 컴퓨터를 '철학적'으로 발명했다.

컴퓨터가 오늘날 정보산업사회를 추동하는 테크놀로지의 원리가 되었음은 누구도 반박하지 못할 것이다.

컴퓨터의 '사상적 발명'

컴퓨터는 20세기 중반 앨런 매티슨 튜링(Alan Mathison Turing, 1912~1954)의 만능 기계와 클로드 엘우드 섀넌(Claude Elwood Shannon, 1916~2001)의 수학적 통신 이론, 그리고 수학자 존 폰 노이만(John von Neumann, 1903~1957)이 1946년에 제안한 폰

노이만형 컴퓨터의 설계로 만들어졌다. 하지만 그것이 철학적으로 발명된 것은 역사를 더 거슬러 올라간 바로크 시기, 그러니까 17세기 중반부터 18세기 중반 유럽에서였다. 여러분도 이름을 알고 있는 데카르트나 파스칼, 홉스, 로크, 라이프니츠 등의 철학자가 활약한 시기이다. 컴퓨터가 이들 철학자들에 의해 '지성', '언어'의 '개혁' 속에서 창안되었다는 것은 의외로 잘 알려져 있지 않다. 오늘날의 컴퓨터는 그 무렵 철학 계획으로 구상된 '철학 기계'라고 할 수 있다.

그러한 철학적 발명이 몇 세기에 걸쳐 학문적으로 심화되고 또 마침내 실용화된 것이 20세기에 등장한 컴퓨터라는 점을 이해할 필요가 있다. 인문사회과학은 필요 없다고 정부가 말할 정도니, 여러분도 철학 따윈 쓸모없는 탁상공론이라고 생각할지 모르겠다. 그러나 데카르트, 파스칼, 로크, 라이프니츠가 원자폭탄을 개발한 맨해튼 계획보다 훨씬 장대한 철학 계획을 세웠고 또 몇 세기에 걸쳐 그것이 차근차근 실행되었기 때문에, 오늘날 우리가 컴퓨터를 이용하며 생활할 수 있게 된 것이다. 몇 세기 전의 철학 계획이 오늘날의 세계를 움직이고 있다. 그 중심에 보편기호론이 있다.

라이프니츠의 보편기호론

컴퓨터는 누가 발명했는가. 바로 17세기 말에 철학자 고트프리트 빌헬름 라이프니츠(Gottfried Wilhelm Leibniz, 1646~1716)가 발명하였다.

라이프니츠는 바로크 시기를 대표하는 사상가인데, 그가 사고를 합리적으로 기록하는 인공언어를 만들려는 계획을 세우고 계산기로 그것을 실현하려는 구상을 밝혔을 때, 지금의 컴퓨터로 이어지는 장대한 철학 프로젝트가 시작되었다. 얼마 전에 타계한 훌륭한 기호학자인 움베르트 에코(Umberto Eco, 1932~2016)는 『완벽한 언어 탐구(The search for the perfect language)』에서 기호론의 계보를 다시 쓰고 있다. 이 책을 보면 라이프니츠의 계산기 구상이 컴퓨터의 철학적 설계도를 그린 획기적 사건이었음을 알 수 있다. 오늘날의 컴퓨터는 그때 이미 원리적으로 발명되었던 것이다.

당시 인공언어를 통해 계산가능한 사고를 모델화하려는 시도는 철학 언어의 탐구라 불리며 널리 행해지고 있었다. 라이프니츠뿐만 아니라 데카르트(René Descartes, 1596~1650)나 파스칼(Blaise Pascal, 1623~1662)과 같은 철학자, 수학자도 인공언어를 연구하거나 계산기를 고안했다. 그러니까 바로크 시기의 철학에서 컴퓨터에 대한 사상적 연구가 이루어졌고, 그것이 출발점이 되어 3세기가 지나 20세기 계산기 과학으로 발전했다.

그림 2-5 라이프니츠

논리의 형식화가 가능해지면서 철학적인 프로젝트에서 공학적
인 프로젝트로 서서히 변한 것이다. 이것이 컴퓨터를 만들어낸
기호론의 학문적 계보이다.

　라이프니츠는 이 철학적 프로젝트를 보편기호론(Character-
istica universalis)이라 불렀고, 이러한 17~18세기 바로크 기호
론이 컴퓨터의 원리를 구상하는 출발점이 되었다. 덧붙여 말하
면 그리스어 세메이온(sēmeĭon)에서 '세메이오티케(semeiotike)
기호론'이라는 말을 만들어내고 기호론의 필요성을 제창한 것
은 라이프니츠와 동시대의 라이벌이었던 영국 경험론자 존 로
크(John Locke, 1632~ 1704)였다. 영국 경험론에서도 대륙 합리
론에서도 언어, 기호, 논리를 다루는 기호론이라는 학문을 통해

사고의 형식화 문제를 연구하는 흐름을 형성했다. 그러한 가운데 발명된 것이 오늘날의 컴퓨터를 낳은 인공언어의 원리와 사고의 논리적 계산 원리다.

철학 기계로서의 컴퓨터

"사고란 계산이다."라고 말한 것은 토마스 홉스(Thomas Hobbes, 1588~1679)였다. 모든 언어는 0과 1로 이루어진 인공기호 시스템으로 쓰는 것이 가장 합리적이라고 말한 것은 라이프니츠였다. 0과 1로 쓰면 계산기계로 계산할 수 있기 때문에 이진법적인 인공언어를 쓰자고 그는 주장했다. 그리고 실제로 계산기를 설계해 보였다.

내가 컴퓨터의 발명자가 라이프니츠라고 말하는 것은 그가 컴퓨터를 원리적으로 발명했기 때문이다. 컴퓨터의 사상적 설계도는 바로크 기호론에 의해 만들어졌고, 그 후 350년이 지난 지금 세계는 실제로 모든 것이 컴퓨터에 의해 계산되고 움직이게 되었다. 그런데 어쩐 일인지 기호론이라는 학문은 이미 끝장난 학문이라고 하여 존폐의 위기에 처하게 되었다. 이러한 역설적 상황은 대단히 중요한 문제라고 생각한다.

내가 강조하고 싶은 것은 17~18세기에 기원을 둔 바로크 기호론을 설계도로 하여 지금의 세계가 만들어지기 시작했다는 사실이다. 따라서 보편기호론화하는 세계의 본질에 다가가기 위해 다시 한번 그 기호론이 어떠한 철학적 계획이었는가를 살펴볼 필요가 있다. 최초의 설계도로 되돌아가야 하는 것이다. 거기서부터 기호론의 계획을 재구성하면 모든 것이 컴퓨터화된 현대 세계를 움직이는 원리가 드러날 것이다. 이를 위해 기호론 프로젝트를 다시 공부해야 한다.

학문도 도움닫기를 해서 뛰는 멀리뛰기와 마찬가지다. 즉, 기호론이라는 학문에 도전하여 가능한 한 멀리 뛰기 위해서는 일단 자세를 낮춰야 한다. 소쉬르나 퍼스가 학문을 했던 20세기 초로 돌아가 이해하는 것만으로는 충분하지 않고 더 멀리 바로크 시기의 철학 프로젝트까지 거슬러 올라가야 한다. 그 정도로 도움닫기의 거리를 넓혀야 하는 것이다. 그렇게 하지 않으면 20세기를 지나 세계 자체가 보편기호론화되는 21세기 문명을 포착할 수 있는 넓은 시야는 얻을 수 없다.

뇌의 활동을 손이 쓴다

여기서 이야기를 되돌려보자. 앞에서 직립보행이 인간을 인간답게 만들었다고 했다. 직립으로 손이 해방되고 뇌가 발달했다. 손은 도구를 만들고(기술 활동), 뇌는 말로 대표되는 인지 활동(기호 활동)을 폭발적으로 발달시켰다. 이러한 기술의 계보와 기호의 계보가, 다시 말해 손과 뇌의 활동이 인간의 진화 과정에서 교차한다.

그것이 바로 사람이 뇌의 활동을 손으로 쓰는/그리는 활동이다. '쓰다/그리다'라고 번거롭게 표기하는 것은 그것이 쓰는 것이면서 그리는 것이기도 하고 묘사하는 것이기도 하고, 또 단순히 선과 같은 흔적을 긁는 것이기도 하기 때문이다. 그림이나 글자나 숫자를 쓰는/그리는 사건이 일어났을 때, 직립보행에 의한 '인간의 발명' 이래 평행적으로 진행되던 몸짓 계열과 언어 및 이미지 계열이 교차하는, 인류 진화의 일대 사건이 일어났던 것이다.

인류가 직립보행을 한 이후 손을 이용한 몸짓으로 도구를 만들어 사용하는 한편, 다양한 언어를 말하고 다양한 이미지를 떠올린다. 이러한 두 활동이 평행적으로 진화하다가 어느 순간 갑자기 손이 뇌의 정신 활동을 쓰게/그리게 되었다. 예를 들어 라스코(Lascaux)나 쇼베의 동굴벽화처럼 그림이나 도형을 그리거나 수메르인처럼 점토판에 문자를 썼던 것이다. 이것은 손의 해방, 뇌의 해방 이후의 일대 사건이다. 그림이나 문자가 발명되면서 인간은 자신이 보거나 생각하거나 기억하는 뇌의 표상 활동(정신 활동)을 표현하는 시대에 들어섰다.

뇌가 떠올린 이미지를 손이 쓰기/그리기 위해서는 도구가 필요하다. 표상 활동을 뒷받침하는 미디어(매체)가 성립하는 것이다. 언어나 이미지를 그림이나 문자로 쓰고/그릴 때 언어나 이미지 활동은 대상화된다. 이때 '기호에 대한 앎'이 눈에 보이고 전승 가능한 것으로서 생겨난다. 원시 기호학자가 이때 태어났다고 할 수 있다. 또한 언어나 이미지를 쓰는/그리는 것을 뒷받침하는 미디어에 대한 지식도 당연히 생겨나기 때문에 원시 미디어학자도 이때 태어났다. 크로마뇽인의 시대부터 기호론과 미디어론이 이미 시작되고 있었던 것이다.

원시 미디어론과 원시 기호론

여기서 문자와 책의 역사를 자세히 살펴볼 겨를은 없지만, 핵심만 말하자면 우선 점토판과 파피루스, 갑골, 그릇, 석판 등이 최초의 미디어, 그러니까 기호를 새기는 장치였다. 거기서부터 아이패드에 이르기까지 미디어의 길고 긴 진화의 역사가 전개되었던 것이다.

원리만 말하면 우선 뇌의 활동을 손으로 쓰는/그리는 시대에는 그림·도형·글자·숫자가 쓰이거나 그려졌다. 인쇄가 발명되고 구텐베르크 활자혁명이 일어난 이후 문자를 기계로 복제하는 시대도 있었다. 그러다 19세기가 되면 문자를 쓰는 작업을 기계가 대신한다. 다시 말해 기계가 문자를 쓰게 된 것이다.

손으로 문자를 쓸 때 종이나 두루마리, 공책은 훌륭한 미디어이다. 그러나 대부분의 사람들은 그것들을 미디어라고는 생각하지 않는다. 아마 미디어라고 할 때 생각나는 것은 TV, CD, 영화 등일 것이다. 그러나 책은 기계가 문자를 쓰게 된 시대에 처음으로 종이 미디어로 불리게 되었다.

나아가 기계가 문자를 쓰는 단계에서 그 문자를 '계산' 가능한 '숫자'로 바꿔 적게 되었다. 이것은 사고논리의 수식화, 언어의 형식화이고 사고와 언어의 계산화·자동화를 의미하기도 한다. 미리 말하자면 인간이 편리하게 사용할 수 있을 속도로까지 처리능력을 높인 20세기 후반의 디지털 혁명으로, 계산기는 실제로 사용할 수 있는 기계가 되었다. 오늘날 이것은 인간의 능력을 훨씬 뛰어넘는 지점까지 와 있다.

두 번의 미디어 혁명(1) — 아날로그 미디어 혁명

20세기에는 두 번의 미디어 혁명이 있었다. 1900년을 전후한 아날로그 혁명과 1950년을 전후한 디지털 혁명이 그것이다. 이 장에서는 우선 아날로그 혁명을 살펴보겠다.

아날로그 미디어 혁명은 19세기에 이미 기술적으로 준비되었다. 1825년에 조제프 니세포어 니엡스(Joseph Nicéphore Niépce, 1765~1833)가 사진을 발명했고, 1876년에 벨이 전화를, 1877년에 에디슨이 포노그래프(Phonograph, 축음기)를 발명했다. 1895년 뤼미에르 형제가 공장에서 나오는 여공들을 촬영했다. 19세기에 이러한 일련의 아날로그 미디어 기술이 발명되었던 것이다.

학문 세계에서도 언어 연구를 위해 포노토그래프(phonautograph)나 키모그래프(kymograph)와 같은 포노그래프와 동일한 아날로그 원리의 음성 해석장치를 사용하여, 음성학·음운론이라는 학문이 등장했다. 에티엔 쥘 마레(Etienne-Jules Marey, 1830~1904)의 사진총(Photopraphic Gun) 같은 기록장치를 사용하여 운동을 연구하거나 그 이외에도 다양한 실험적인 아날로그 기계를 사용하여 형태·음향의 지각이나 운동 시각을 연구하는 실험 심리학이 발달했다.

20세기 들어 사진, 영화, 전화, 레코드, 라디오가 보급되는 등 아날로그 미디어 기술이 산업적으로도 사용되면서 인간 문명을 크게 변화시킨 아날로그 미디어 혁명이 일어났던 것이다.

사진 이후의 이들 미디어가 가진 특징은 기계가 쓴 문자라는 점이다. 책의 시대까지는 인간이 문자를 읽고 씀으로써 문명 생활이 성립되었다. 그러나 아날로그 미디어 시대가 되면 기계가 문자를 쓰게 된다. 문자를 쓰는 주체가 변했다는 사실은 20세기 이후의 미디어 문제를 생각하는 데 매우 중요한 점이다.

문자 테크놀로지, 원격 테크놀로지

아날로그 미디어가 기계가 쓴 문자와 관련된 기술임은 각 미디어 기술의 이름을 보면 알 수 있다.

사진, 즉 포토그래프(Photograph)는 '빛(photo-)을 쓴 문자(graph)', 레코드, 즉 포노그래프(Phonograph)는 '음성(phono)을 쓴 문자', 영화, 즉 시네마그래프(Cinémagraph)는 '운동(cinémato-)을 쓴 문자'이다. 이것들은 모두 어미에 그래프(graph)라는 말이 붙어 있다. 그래프란 '기록하다'라는 뜻으로, 그 어원인 'graphein'은 그리스어로 '쓰다/그리다/묘사하다/긁다'라는 의미이다. 따라서 이 명칭들은 이것들이 모두 일종의 문자라는 사실, 미디어란 문자(graph) 테크놀로지의 문제라는 사실을 말해준다.

20세기 이후 이러한 미디어 기술이 사람들의 생활을 에워싸고 있다. 기계가 쓴 문자가 신호로 교환된다. 이러한 커뮤니케이션을 가능하게 한 것은 원격 테크놀로지(tele-technology)이다. 이것은 전신(Télégraphe)에서 시작하여 전화(Telephone), 라디오, TV(Television)로 발전하였고 지금은 인터넷이 되었다. 'tele'는 원격이라는 의미이다.

당초 전신은 샤프 방식이라고 하는 수기 신호를 사용했다. 나폴레옹 전쟁 시기, 완목(腕木)이라고 불리는 수 미터 길이의 세 나무 막대기로 구성된 구조물을 밧줄로 조작하고 이것을 다

테크놀로지 문자와 기술적 무의식

- 문자 Graph / Graphy
  → graphein〔그리스어 γράφετν(쓰다)〕

- 활판인쇄술 Typography
  → typo(형태의) - graphy(문자)

- 사진 Photograph(y)
  → photo(빛의) - graph(문자)

- 레코드(축음기) Phonograph / Gramophon
  → phono(음성의) - graph(문자)

- 영화 Cinématographe
  → cinémato(운동의) - graphe(문자)

그림 2-6 문자 테크놀로지

- 완목(腕木)식 통신 텔레그래프 Télégraphe
  → télé(원격의) - graphe(문자)

- 전화 Telephone
  → tele(원격의) - phone(음성)

- TV Television
  → tele(원격의) - vision(보다)

그림 2-7 원격 테크놀로지

디지털 미디어의 이해

른 기지국에서 망원경으로 확인하는 방식으로 정보를 전달했다[그림 2-7]. 원시적인 방식이지만 전달 속도는 의외로 빨라서 1분에 80km 이상의 속도로 신호가 전달되었다. 그것은 말(馬)을 이용한 것보다 빨랐다. 그러던 것이 곧 전선, 전신을 통한 전달이 가능하게 되고, 기계가 원격으로 문자를 쓰게 되었다. 그 연장선에서 전화와 라디오가 발명되었다.

'테크놀로지 문자'의 혁명

아날로그 혁명 이후의 미디어는 기계로 인간의 지각=의식과 표상 활동을 쓰고 전송하고 수신하는 기술이 되었는데, 나는 그것을 '테크놀로지 문자(technological grammatization)'라 부른다.

20세기에는 미디어 기술이 인간을 미디어 커뮤니케이션 영역으로 끌어들였다. 아날로그 미디어(아날로그 미디어의 대립 개념은 '디지털 미디어', 즉 0과 1의 수식을 사용한 컴퓨터인데, 이에 대해서는 4장에서 서술한다)의 경우 사진은 피사체를 광학적·화학적으로 복제한다. 영화는 피사체의 운동을 복제한다. 레코드는 음원의 음향·음성을 복제한다. 이처럼 미디어가 대상을 복제하여 재현하는 한편, 피사체를 '보는 의식', '운동을 보는 의식', 음향·음성을 '듣는 의식'이 동시에 생겨난다. 그 활동의 흔적을 전선이나 전파를 통해 교신(커뮤니케이션)함으로써 인간 정신의

71

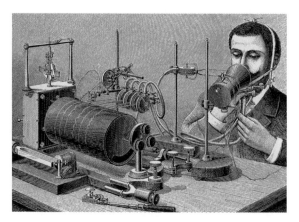

그림 2-8 **키모그래프로 음성을 연구하는 실험언어학의 시조 장-피에르 루슬로**(Jean-Pierre Rousselot, 1846~1924)

조건이 바뀐 것이다.

'테크놀로지 문자'가 인간의 정신을 쓰는 시대가 되면 인간 정신 활동(인지 활동)에 대한 인식, 즉 인간에 대한 '앎(知)'도 변한다.

예를 들면 인간 언어의 발성을 연구하는 데 사용된 것을 키모그래프(kymograph, 파동곡선 기록장치)라고 하는데, 이것은 포노그래프와 기본적으로 똑같은 원리로 만든 음성 해석 장치이다[그림 2-8]. 소쉬르가 창설한 현대 언어학은 이러한 쓰기 기술의 변화와 아주 밀접하게 관련되어 있다. 19세기까지는 문자로 기록된 언어를 연구했다. 다양한 문헌, 즉 책을 섭렵하고 거기 쓰인 언어 기록을 연구함으로써 '언어의 진화'를 연구하는 '역사언어학'이 주류였다. 19세기의 언어 연구는 '비교문법' 혹은 '문헌학'이라 불리는데, 그것은 문자와 책을 기본적인 기술로 삼은 언어 연구였다.

그러나 소쉬르는 다음과 같이 생각했다. 언어는 인간이 쓰는 문자가 아니라 포노그래프로 기록하여 연구해야 하는 활동이다. 비록 알파벳과 같은 표음 문자라도 문자로 쓴 것은 아무래도 부정확할 수밖에 없고, 포노그래프와 같은 테크놀로지 문자로 기록하여 언어를 분석해야 과학적으로 언어 구조를 연구할 수 있다는 것이다. 발화된 음성을 키모그래프와 같은 아날로그 미디어 기술로 기록함으로써 실험 음성학이나 음운론이라는 새로운 언어 연구 분야가 생겨나 비로소 20세기적인 의미의 언어학이 탄생했다.

소쉬르의 언어기호학

소쉬르는 인간의 커뮤니케이션을 전화로 하는 대화에 비유했다. 이것이 그의 언어 인식의 기초를 이루는 '말(parol, 파롤)의 회로'라는 도식이다. 인간의 발화를 연구하려면 A와 B가 전화로 말하고 있는 상황을 상정하면 된다. 이러한 전화 모델에서 소쉬르는 인간이 언어기호를 캐치볼하고 있다고 생각했다. 이때 현대 언어학이 탄생했다. 벨이 발명한 것은 전화이지만, 벨

테크놀로지 문자와 기술적 무의식

의 발명 없이 소쉬르 언어학은 성립될 수 없었다.

이처럼 19세기에서 20세기에 이르는 전환기에 일어난 아날로그 미디어 혁명으로 포노그래프나 전화와 같은 테크놀로지가 인간의 언어 활동을 기록하게 되었다. 이때 포노그래프가 기록하는 언어의 요소를 소쉬르는 언어기호라 불렀던 것이다.

1900년 무렵 소쉬르는 일반학으로서의 기호학을 주장하며 다음과 같이 말했다. 20세기에는 '기호의 학문'이 필요하게 될 것이고 이 학문은 아직 성립되지 않았으나, 장차 충분히 발달하면 자신이 연구하는 언어학도 그때 비로소 뚜렷한 기초를 얻을 것이라고. 이때 그가 제창한 것이 '기호의 일반학'으로서의 '기호학'이다.

소쉬르는 아직 존재하지 않았던 기호학이라는 학문을 미리 가져와 자신이 새롭게 만들고자 했던 20세기 언어학의 기초로 삼고자 했던 것이다.

나의 이론에서 보면 이러한 소쉬르의 인식론을 다음과 같이 설명할 수 있다.

소쉬르가 말하는 '기호의 학문'이란, 20세기 인간문명에서 축음기나 전화, 사진, 영화 등 아날로그 미디어가 테크놀로지 문자로 기록하기 시작한 인간의 의식 활동과 의미 활동의 요소로서의 '기호'에 관한 일반학이다. 문자가 인간의 언어를 기록하던 시대에 인간의 언어는 단어나 문법으로 파악되었다. 그러나

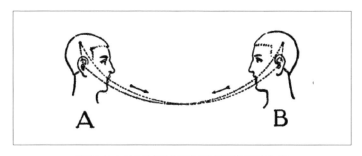

그림 2-9 소쉬르의 '말(파롤)의 회로'(『일반언어학 강의』)

포노그래프처럼 테크놀로지 문자가 인간의 언어를 기록하게 되면 음소나 형태소(아직 소쉬르의 시대에는 그렇게 부르지 않았다) 등 언어의 요소 단위를 기록하게 된다. 그것을 '언어기호'라 부르자는 것이 소쉬르의 언어기호학으로서의 언어학인 것이다.

테크놀로지 문자와 지(知)의 혁명

소쉬르는 언어학자였기 때문에 언어를 기록하기 위해 테크놀로지 문자를 사용했다. 이때 기록한 것이 언어기호였다. 그러나 사진이나 영화처럼 다른 테크놀로지 문자가 시각적·청각적 활동을 기록한다면 그때 기록되는 것은 사진이 포착한 시간의 의식 경험이거나 영화가 기록한 운동시각이라는 의식의 움직임이거나 레코드처럼 듣는 의식의 활동이다. 아날로그 미디어로서의 테크놀로지 문자가 인간의 정신 활동을 포착함으로써 시각 기호, 운동 지각, 시간 의식에 관한 기호론이 지식으로 성립할 수 있는 가능성이 생긴 것이다.

내가 소쉬르였다면 '기호의 학문'을 미디어의 테크놀로지 문자에 의한, 의식과 인지의 일반학이라고 정의하지 않았을까 생각한다. 그런데 소쉬르는 언어에 대한 부분에서만 기호학을 이론화했기 때문에 대부분의 사람은 기호학이 언어학과 비슷한 것이라고 생각해버린다. 거기서부터 많은 오해가 생겼다. 현재의 연구자들이 소쉬르 기호학을 '언어 중심주의'라고 비판하는 것은 그 때문이다.

그러나 소쉬르의 언어학과 마찬가지로 테크놀로지 문자에 의한 지의 혁명은 당시 일제히 일어나고 있었다.

포노그래프나 전화가 말을 기록하게 되었을 때 소쉬르 언어학이 생겨났다면, 마찬가지로 전화나 사진, 영화 등이 인간의 심리를 기록하게 되었을 때 프로이트의 정신분석학, 후설의 현상학, 퍼스의 기호론, 또 베르그송의 철학 등 20세기를 결정지은 거장들의 작업들이 생겨났다. 그들은 책을 읽고 사색하고 글을 쓰면서 새로운 사상을 만들었던 것이 아니라 연구 수단인 미디어를 바꿈으로써, 그러니까 인간의 상징적인 활동을 기록하는 장치를 바꿈으로써 인간의 의식 활동을 새로운 각도에서 파악하려 했다. 예를 들면 베르그송은 영화를 고찰하면서 철학을 시작했다. 이러한 흐름이 20세기의 지식과 지성을 만들어갔다.

기술적 무의식의 시대

지금까지 말해왔듯이 미디어라는 테크놀로지 문자가 정신을 기록하게 되면서 의식 생활의 성립 조건이 크게 변화했다. 우리는 매일 TV를 보거나, 전화를 하거나, 인터넷을 하거나, 영화를 감상하거나 하며 일상적인 의식 생활을 영위한다.

그런데 잘 생각해보면 이러한 미디어를 통한 일상적인 의식 생활은 참으로 불가사의하다. 사진을 예로·들어 생각해보자. 우리들은 즐거운 여행을 기념할 때도, 맛있는 요리를 먹을 때도, 의미 있는 파티를 할 때도 사진을 찍고는, 나중에 그것을 보면서, "그때는 즐거웠지.", "그때가 그립구나.", "정말 아름다운 경치였어."라고 추억한다. 사진으로 기억이라는 의식을 만들어내는 것이다.

그러나 잘 생각해보면 이것은 조금 이상한 일이다. 셔터를 누르면 사진은 한순간에 촬영된다. 한순간이란 것은 문자 그대로 한번 눈을 깜빡거린 시간인데, 실제로 눈을 깜빡이는 시간은 7분의 1초에서 10분의 1초 정도이다. 그에 비해 카메라의 셔터 속도는 35밀리 렌즈로는 50분의 1초가 흔들림 없이 찍을 수 있는 한계라고 한다. 그러니까 카메라가 대상을 찍기 위해서 잘라내는 시간은 인간의 '한순간'보다도 더 짧은 순간이다. 우리는 그렇게 짧은 시간을 인식할 수가 없다. 그렇기 때문에 사진을 찍어보면 눈을 감고 있거나 하는 일이 생긴다. 우리는 촬영할 때 열심히 파인더나 액정 화면을 주시하지만, 카메라가 사진을 찍는 순간을 볼 수는 없기 때문이다.

사진은 당신이 볼 수 없는 순간을 찍고 있다. 우리는 사진을 찍는 순간을 포착할 수 없다. 사진기는 우리가 눈을 깜빡거리는 것보다 빨리 셔터를 움직이기 때문에 아무리 응시하더라도 그 순간을 포착할 수가 없다. 그 정도로 짧은 시간에 촬영되는 것이다. 우리는 사진을 찍고 친구들끼리 돌려보며 추억을 이야기하지만, 실제로는 그 순간을 본 적이 없다.

나는 수업에서 항상 학생들에게, 미디어를 이해하기 위해서는 미디어의 마음이 되어야 한다고 말한다. 아마 사진기는 이렇게 생각하고 있지 않을까. '당신은 사진을 보며 그때는 즐거웠다고 생각하겠지만, 실제로는 그 순간을 못 보지 않았느냐.'라고.

영화의 경우에도 실제로는 1초에 24프레임의 정지화상이 촬영되는데, 우리에게 한 프레임 한 프레임은 보이지 않는다. 그렇기 때문에 우리에게 그것이 움직이는 것처럼 보이는 것이다. TV의 경우에도 방식에 따라 다르지만, 마찬가지로 1초에 30프레임의 화상이 절반씩 만들어지고 사라지는 것을 반복한다. 그것이 보이지 않기 때문에 TV 화면은 움직이는 것처럼 보인다. 인간과 기계의 능력 사이에 틈이 있어서 기계는 실제로 정지화면을 한 프레임씩 전송하지만 인간은 그 한 프레임 한 프레임을 각각 지각할 수 없기 때문에 움직임을 보는 의식(운동 시각)과 시간 의식이 생겨난다. 결국 정지화상이 보이지 않기 때문에 동영상이 보이는 것이다.

음성의 경우에도 포노그래프는 무언가를 듣는 의식이 성립하기 이전에 음파만을 기록한다. 음파만을 기록하는 포노그래프에 의해 나의 듣는 의식이 구성되는 것이다. 소리를 듣는다는 청취의 의식은 현재의 경험이기 때문에 포노그래프가 재생하는 음원을 듣는 의식은 대상(음원)을 현재 시간에 조정(措定)하면서 음의 변이와 시간의 흐름에 따라 구성되는 것이다(이것은 '후설의 현상학'에서 깊이 다루고자 한 문제이다).

인간의 인지보다도 아래 혹은 바로 앞의 수준에서 테크놀로지가 흔적을 기록하게 되었다. 우리는 사진을 보고 추억을 이야기하며 즐거워하지만, 실제로는 그 순간을 보지 못한다. 우리가 영화에서 움직임을 보는 것은 정지화상을 한 프레임씩 볼 수 없기 때문에 가능하다. 레코드로 죽은 사람의 목소리가 재생되는 것은 인간에게는 보이지 않는 음성파형(spectre)을 포노그래프 기술이 기록하고 있기 때문이다.

기술적 무의식

보이지 않기 때문에 볼 수 있고 부재의 존재를 들을 수 있다.

우리 현대인의 미디어 생활 대부분은 이러한 역설에 기초한다. 이것은 착각이나 환상이라기보다는, 물리학적·생리학적 법칙에 기초하여 인간의 인지능력과 기계의 움직임 사이에 있는 틈을 이용하여 만들어진 미디어의 움직임이다. 예를 들면 영화에서는 인간의 운동 시각이라는 의식 활동을 기록하는 문자(테크놀로지 문자)가 발명된 것이다. 포노그래프는 듣는 의식을 기록하는 테크놀로지 문자의 발명이었다.

이처럼 기계 테크놀로지로서의 문자와 인간 인지 사이의 틈에 의해 현대인의 커뮤니케이션이 성립된다. 이러한 틈을 나는 '기술적 무의식(the technological unconscious)'이라고 부른다.

미디어는 추억이라든가, 멀리 있는 광경에 대한 지각이라든가, 운동 시각이라든가, 멀리 있는 사람과 음성으로 마음을 소통한다든가 하는 '의식'을 만들어낸다. 그러니까 미디어는 의식을 만들어내는(생산하는) 것인데, 그 의식 생산은 인간의 지각보다 아래에서 인간의 인지에 작용하는 기술적 무의식에 의거한다. 미디어의 기술적 무의식을 기반으로 현대인의 의식이 성립되는 것이다.

이렇게 생각하면 조금 기분이 나빠질 것이다. 추억의 사진인데도 그 순간을 진짜로 보지는 못하기 때문에, 정지화면인데도 움직이는 화면처럼 보이기 때문이다. 그 점을 생각하면 의식 생활의 자명성이 흔들리게 되고 그 때문에 기분이 조금 나

빠질 것이다. 커뮤니케이션 문명이란 것은 사실 사람들이 생각하는 것보다 기분이 나쁜 것인지 모르겠다. 우리는 미디어의 기술적 무의식에 의거하여 커뮤니케이션 문명 속에서 의식 생활을 하고 있다. 이 점을 심각하게 생각해야 한다.

인간은 테크놀로지 문자를 읽을 수 없다

기술적 무의식의 문제는 다음과 같이 바꿔 말할 수도 있다. "인간은 테크놀로지 문자를 읽을 수 없다."라고.

확실히 우리는 사진의 셔터를 누르는 순간도, 영화의 1초당 24프레임의 한 프레임 한 프레임도, TV의 매초 30프레임도, 레코드 비닐 위의 홈에 새겨진 음파의 파형도 읽을 수 없다. 또한 그렇기에 추억이 현재 시간처럼 살아나거나 움직임이 생생하게 보이거나, 그라모폰의 트레이드 마크인 개 니퍼처럼 친숙한 사람의 목소리가 거기에 있는 것처럼 들리는 것과 같은 의식 생활을 할 수 있는 것이다.

인간은 기계 문자를 읽고 쓸 수 없지만, 그러한 인지의 틈이 인간 지각을 종합하여 인간 의식을 만들어낸다. 우리는 이러한 기술적 무의식의 시대에서 보이지 않는 것을 보고, 의식 성립 이전에 존재하는 것을 들으며 생활하고 있다. 일상생활에서 최신 테크놀로지 미디어를 사용하면서 망령 비슷한 것에 둘러싸여 생활하고 있는 것이다. 그러한 역설적인 문명을 우리들은 살아가고 있다.

우리는 생활 속에서 여러 가지 불가사의한 일을 하고 있다. TV에 나온 사람은 단순한 영상에 지나지 않는다. 아이패드로 듣는 음악은 먼 옛날에 죽은 음악가의 살아 있는 음원일 수도 있다. 그러니까 우리는 소리, 이미지, 언어 등의 기호만을 취하여 마치 그 사람이 가까이에 살아 있는 것처럼 생각하며 생활한다.

'spectre'에는 '파장 분포' 외에 '망령'이라는 뜻도 있다. 그것은 스펙터클(spectacle)이라는 단어와도 연결된다. 우리는 소리, 이미지가 만들어내는 스펙터클(망령)을 존재라고 간주하며 하루하루를 보내고 있다. 이것이야말로 발터 벤야민(Walter Benjamin, 1892~1940)이 말한 '기술복제 시대'와 다름없다. 지금 여기에 존재하지 않는 사람이 말하고, 존재하지 않는 사물의 상이나 광경이 보이며, 지금 여기에 존재하지 않는 사람과 소통하며 생활하고 있는 것이다. 망령이 도처에서 배회하며 우리들을 일상적으로 감싸고 있는 상당히 이상한 스펙터클 사회에서 우리들은 살아가고 있다.

디지털 미디어의 이해

'나'라는 현상 — 미야자와 겐지의 TV

TV는 해당 기술의 발명이 여러 가지여서 라디오나 레코드처럼 발명된 해를 명시하는 것이 불가능하다. 1925년 스코틀랜드 발명가 존 로지 베어드(John Logie Baird, 1888~1946)는 화상 송수신을 성공시켰고, 1926년에 다카야나기 겐지로(高柳健次郎, 1899~1990)가 브라운관 전송·수상에 성공했다. 이때 다카야나기는 '이(イ)'라는 가타카나 문자를 전송했다. TV는 이 무렵 발명되었다고 해도 좋을 것이다. NHK 방송박물관에는 다카야나기의 TV 전송 실험장치를 재현하여 전시하고 있다.

미야자와 겐지(宮沢賢治)의 시집 『봄과 아수라』[3] 중 서(序)는 1924년에 쓴 것인데, 나는 이것이 TV의 원리를 쓴 시라고 생각한다. 조금 읽어보자.

나라고 하는 현상은

가정된 유기교류전등(有機交流電燈)의

한 파아란 조명입니다

(모든 투명한 유령의 복합체)

풍경이나 모두와 함께

세상의 빠른 변화와 함께 명멸하며

---

3 고한범 옮김, 웅진출판, 1996.

테크놀로지 문자와 기술적 무의식

끊임없이 확실하게 켜지는

인과교류전등(因果交流電燈)의

한 파아란 조명입니다

(빛은 남고 전등은 소멸되고)[4]

알다시피 미야자와 겐지는 과학에 대단히 조예가 깊은 사람
이었다. 예를 들면 『은하철도의 밤』은 상대성 이론으로 쓴 것이
라 한다. 주인공 조반니는 빛의 속도보다 빠른 우주 기차를 타
고, 강에 빠져 죽은 친구 캄파넬라를 만나러 간다.

　TV에서는 주사선(走査線, scanning line)[5] 위에서 명멸하는 빛
의 프레임에 의해 '나라는 현상'(의식)이 생긴다. "세상의 빠른
변화와 함께 명멸하며/끊임없이 확실하게 켜지는" TV 영상과
도 같은 '나라는 현상'이 사람들의 정신생활을 만들어가는 것
이다. 겐지의 이 시는 이러한 미디어 시대를 예언하는 듯하다.

4　고한범의 번역은 훌륭하지만 의역된 부분이 많아 이 책에서 인용된 논지를 잘 드러
　내지 못하고 있다고 판단하여 옮긴이가 이를 참고하여 새롭게 번역하였다. 원 번역
　은 다음과 같다. "나라고 하는 현상은/가정된 유기적이고 육체적 존재로서/하나의
　파아란 조명입니다/(모든 훌륭한 정신을 계승한 존재)/풍경이나 모두와 함께/세상
　의 빠른 변화와 함께 명멸하며/끊임없이 확실하게 켜지는/모든 인과가 연속적으로
　교착하는 존재로서/하나의 파아란 조명입니다/(빛은 남고 전등은 소멸되고)"
5　고화면의 화소를 조립하여 빠르게 나열한 선.

의식의 산업화

망령 같은 생활을 보내는 현대 인간의 기저에 놓인 것은 기술적 무의식이고, 이것이 커뮤니케이션 문명을 만들고 있다. 지금은 모든 것이 금방 전달되고 소리나 이미지를 무제한적으로 소비할 수 있다. 그런 의미에서는 대단히 편리하고 풍요로운 시대이지만, 우리는 어쩐지 으스스한 느낌이 든다. 미디어가 의식을 대량생산하게 되었지만, 인간은 그것을 읽을 수 없기 때문이다.

인간의 손과 의식을 거치는 한, 언어를 쓰거나 그림을 그리는 것밖에는 할 수 있는 것이 없다. 그러나 기계가 문자를 쓰게 되면 인간의 다양한 지각 경험을 그대로 포착할 수 있고, 역으로 그러한 신호를 소재로 우리의 의식이 만들어진다. 같은 문자라도 인간의 문자로는 인간 의식의 극히 일부만 표현할 수 있다. 미디어 문자는 들리는 것, 보이는 것을 모두 기록할 수 있다.

인간 의식을 미디어라는 기계 기술로 생산하게 되었다는 것은 의식의 산업화가 가능하게 되었음을 의미한다. 다음 장에서 자세히 살펴보겠지만, 실제로 20세기와 더불어 시작된 대중(mass) 사회에서는 소위 문화산업이 급속하게 발달했다. 문화산업이란 영화나 레코드, 라디오, TV 등을 의식(意識) 산업으로 파악하는 개념이다.

할리우드 영화산업의 융성은 그 전형적 사례인데, 거대한

테크놀로지 문자와 기술적 무의식

설비를 사용하여 인간 의식을 대량생산하는 체계가 여기에서 시작되었다. 나아가 영화뿐만 아니라 라디오, TV 등도 사람들의 의식을 대량생산하기 시작했다. 이들 문화산업은 의식과 욕망을 생산한다. 아름다운 부인과 두 아이로 이루어진 핵가족이 잔디 깔린 정원과 수영장이 있는 하얀 집에서 살며, 아버지는 저녁이 되면 자가용 자동차로 집으로 돌아오는 즐겁고 행복한 가정을 꾸린다는, '미국식 생활(American way of life)'이라 불리는 모던한 생활의 이미지가 영화나 TV에 의해 만들어지고, 그를 통해 시청자 대중의 꿈, 즉 욕망과 의식이 생산된다. 이는 다음 장에서 자세히 살펴보겠다.

시대 구분과 세 가지 명제

마지막으로 기호론에 대해 정리해두자.

내 수업에서는 '시대 구분'과 '이시다의 3명제'라고 하며 외우게 하는 것인데, 이것을 기억해두면 나의 말을 이해하기 쉬울 것이다.

제1명제 : 기호는 테크놀로지 문자로 기록된다.

제2명제 : 기호란 의미와 의식을 만들어내는 요소를 말한다.

제3명제 : 인간은 테크놀로지 문자를 읽을 수 없다.

함의명제 : 미디어란 테크놀로지 문자의 문제이다.

"기호란 무엇인가"라는 질문을 자주 받는다. 나는 아날로그 미디어의 발명 이후 기계가 기록하는 의식 및 의미 현상의 요소를 기호라 정의한다. 기호는 테크놀로지 문자로 기록된다는 것이 제1명제이다. 소쉬르가 언어는 기호라고 말했는데, 그것은 포노그래프라는 테크놀로지 문자가 기록한 의미 현상의 요소를 언어기호라 부른 것에 기반한다. 소리, 목소리, 형태, 운동 등을 테크놀로지 문자가 기록하게 되었을 때, 소쉬르 기호학 이후의 기호 개념이 발생했다.

제2명제는 기호란 의미나 의식을 만드는 요소라는 것이다. 의식과 의미의 활동은 소리, 목소리, 형태, 운동 등이 심리적으

책(인쇄)의 시대
➜ 인간 의식을 경유한 것만이 문자가 된다.

아날로그 미디어 시대
➜ 기계가 문자를 쓴다(사진, 레코드). 그러나 그 의미의 판단이나 비판은 여전히 인간이 행한다.

디지털 미디어 시대
➜ 기계가 문자(숫자)를 쓰고, 그 해석과 판단도 기계가 일부 혹은 전부 대행한다.

그림 2-10 미디어와 문자의 변화에 따른 시대 구분

테크놀로지 문자와 기술적 무의식

로 종합되어 성립하는데, 테크놀로지 문자가 기록하는 기호에 의해 그 단위가 구성된다.

제3명제는 인간은 테크놀로지 문자를 읽을 수 없다는 것이다. 미디어는 인간 지각의 차원보다 아래의 수준에서 인간의 지각과 의식을 분석하고 종합하는 것이기 때문이다.

그러면 함의명제란 무엇인가. 이때 미디어라는 기술적 무의식의 문제가 대두된다. 사람들이 미디어 문제를 이해하기 어려워하는 것은 거기에 문명의 무의식이 가로놓여 있기 때문이다. 이해한다는 것은 의식의 활동이기 때문에 의식이 파악하기 어려운 무의식의 문제를 마주하면 우리들은 불안해지는 것이다.

3장

현대 자본주의와 문화산업

지금까지 20세기에는 미디어 기술에서 사용하는 테크놀로지 문자가 의식을 생산함으로써 인간 생활이 이루어진다는 것을 말했다.

테크놀로지 문자는 인간의 의식을 만들지만 인간의 의식으로는 그것을 포착할 수 없다. 우리는 사진을 찍은 순간을 볼 수 없지만, 볼 수 없었던 그 순간에 포착된 상(사진기호)을 사후적으로 보고 추억을 만든다. 우리는 영화나 TV에서 매초 24 내지 30프레임의 한 프레임, 한 프레임을 인지할 수 없기 때문에, 움직이는 화면이 '움직임을 보는' 의식을 만들어낸다. 음의 흐름은 음파로 분해되어 전달되어 사람들이 듣기 전에 들리게 된다. 미디어는 우리의 의식을 만드는 기술적 무의식의 차원에서 작동하고 있는 것이다. 이 세상에 없는 사람, 죽은 사람의 목소리를 듣고, 볼 수 없는 순간을 보며, 보이지 않는 움직임으로부터 의식이 생겨나는 생활이 일반화된, 망령(spectre)과 스펙터클(spectacle)[1]의 사회에서 우리들은 살아가고 있는 것이다.

음성·영상 신호의 교환을 통한 원격 테크놀로지는 인간을 커뮤니케이션 영역에 편입시켰다. 예전에는 데카르트의 코기토(cogito)[2]와 같이 문자를 쓰는 인간의 의식과 판단력이 주였으나, 지금은 주종이 전도되어 인간 의식을 기계가 기록하고 전송하며 종합한다.

이러한 미디어 테크놀로지를 기반으로 사람들의 의식을 생산하는 산업이 문화산업이다. 영화산업이나 라디오, TV 방송, 광고산업 등은 사람들의 의식을 생산한다. 자동차를 만드는 것만이 산업은 아니다. 자동차를 만들기보다 의식을 만들어내는 것이 훨씬 효율이 좋다. 자동차를 갖고 싶다는 의식을 만들어내면 모두가 자동차를 사게 되기 때문에 자동차 산업도 발달한다. 사회가 의식 산업에 의해 성립되는 것이다.

이 장에서는 이러한 문화산업을 논의한다. 우리들은 일상적으로 문화산업에 둘러싸여 있다. 이러한 상황은 거의 한 세기

---

1 영화를 볼 때 시각을 자극하는 볼거리 등 화려한 장관을 지칭하는 용어.
2 '나는 생각한다 따라서 나는 존재한다'를 줄여서 하는 말.

동안 이어졌는데, 그렇다면 문화산업의 시대란 무엇을 의미하는가.

퍼스의 기호론

여기서 미국 철학자 찰스 샌더스 퍼스의 기호 분류를 프랑스 커뮤니케이션 학자 다니엘 부뉴(Daniel Bougnoux, 1943~)가 도식화한 기호 피라미드(Semiotic Pyramid)를 살펴볼 필요가 있다 [그림 3-1].

퍼스는 기호를 상징(symbol), 도상(icon), 지표(index)로 분류했다. 우선 언어, 문자, 숫자, 암호처럼 약속이 정해져 법칙화된 기호를 상징이라 한다. 다음으로 무언가를 닮아서 그것을 연상시키는 기호를 도상이라 한다. 예를 들면 동그란 얼굴은 둥근 선, 코는 각진 삼각형의 형태로 된 그림을 그릴 경우나, 붉은 꽃은 빨간색 물감으로, 푸른 바다는 파란색 크레용으로 그림을 그릴 경우처럼, 대상의 성질과 공통된 요소를 담은 그림은 지시대상의 도상이라고 할 수 있다.

이러한 관계는 시각 현상에만 한정되지 않는다. 예를 들어 라디오 방송에서 소쿠리에 콩을 담고 흔들어 파도 소리를 표현할 수 있고, 의성어·의태어는 음의 현상과 닮아 있다. 도상에는 이러한 음의 유비(analogy)도 포함되어 있어서 도상(圖像)이

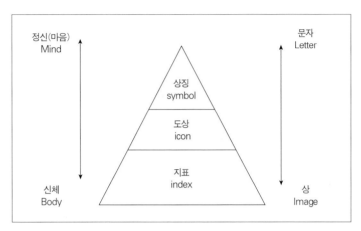

그림 3-1 기호 피라미드

아니라 유상(類像)이라 번역하기도 한다. 마지막으로 어떤 접촉, 어떤 연속된 경험에 의해 어느 것이 다른 것을 가리키고 지시함으로써 사물의 '기호'가 되는 경우에 그 기호는 지표(指標)로 분류된다. 감기에 걸려 열이 있으면 얼굴이 붉어진다. 이때 붉은 얼굴은 병의 지표가 된다. 눈 위에 남아 있는 토끼의 발자국도 토끼가 눈 위에 물리적으로 남긴 지표이다. 집게손가락도, 그것이 가리키는 지시대상의 지표이다.

이러한 퍼스의 기호 삼분류를 미디어를 고찰하는 실마리로 삼을 수 있다. 우선 미디어 커뮤니케이션은 마치 우편으로 편지를 주고받는 것처럼 상징 부분에서 주로 성립한다. 문자로 언어를 적은 편지는 상징 기호를 사용하고 있다. 그러나 아날로그 미디어의 테크놀로지는 모든 현상을 촬영·녹음하여 영상과 음성의 물리적 흔적을 송수신할 수 있게 하였다. 이것은 물리적·화학적 흔적이라는 의미에서 지표 기호의 커뮤니케이션이라 할 수 있다.

편지에서는 상징에 머물러 있던 기호가, 미디어에서는 영상과 음성을 포함한 모든 이미지의 흔적(지표)을 전달하는 것으로 확대되었다. 이것은 추상적인 정신(mind) 활동의 커뮤니케이션에서, 감각정보를 포함한 신체(body)의 커뮤니케이션으로 차원이 내려가는 것을 의미한다. 소쉬르는 언어학자였기 때문에 언어라는 상징의 차원에 중점을 두고 논의를 펼쳤으나 퍼스는 도상과 지표로 확장된 더욱 넓은 범위의 기호론을 펼쳤다. 그림·상으로 나타나는 도상과 목소리·이미지의 미미한 흔적인 지표도 기호론의 대상에 넣어야 인간의 문화를 전체적으로 파악할 수 있다고 그는 생각했다. 미디어 기술의 관점에서 보면, 기계가 기록하는 테크놀로지 문자는 모든 기호를 다룰 수 있다는 장점이 있다. 미디어가 발명되지 않았다면 언어만으로는 목소리, 표정, 색 등을 구체적으로 전달하지 못했을 것이다. 그러나 미디어가 지표(흔적)의 커뮤니케이션을 가능하게 함으로써 신체 차원을 포함한 모든 기호를 전달할 수 있게 되었다.

이러한 테크놀로지 문자는 인간 생활을 어떻게 변화시켰는가. 이 문제를 고찰하는 좋은 실마리가 문화산업이다. 아날로그 미디어 혁명으로 기계가 빛, 운동, 음성, 음향을 기록하게 되었다. 인간이 읽을 수 없는 테크놀로지 문자의 기술적 무의식을 토대로 의식 생활(추억, 동경, 세계의 표상)을 만들어간다. 이러한 원리를 20세기 산업 사회에 적용한 것이 문화산업이다.

자본주의의 네 가지 요소

20세기 자본주의의 기본 요소에는 네 가지가 있다고 생각한다.

첫째는 테일러 시스템, 둘째는 이를 산업적으로 적용한 포디즘, 셋째는 문화산업의 핵심인 할리우드, 넷째는 소비를 생산하는 노하우로서의 마케팅. 이 네 가지가 20세기 자본주의를 19세기의 그것과는 완전히 다른 것으로 만들었고, 이로써 미국은 자본주의의 패권을 확립했다. 문화산업에 대해 생각할 때 이러한 사실을 우선적으로 이해하는 것이 중요하다.

테일러 시스템

미국의 기술자이자 경영학자인 프레더릭 윈슬로 테일러(Frederick Winslow Taylor, 1856~1915)는 과학적 관리법(Scientific Management)을 개발했다. 20세기 초의 미국은 산업화의 발흥기였고, 테일러의 작업은 생산의 조직화·규율화·합리화라는 당시의 과제에 부응하려 한 연구였다. 분산적인 전통적·관습적 생산을 합리적인 분업체제로 조직화하는 노하우의 체계화가 시도되었다.

그는 1911년에 출간한 『과학적 관리법(The Principles of Scientific Management)』[3]이라는 책에서 과학적 관리법이란 노동을 시간, 동작이라는 두 요소로 환원하여 이를 합리적으로 조직하는 것이라고 말했다. 실제로 테일러와 그 동료들의 시간 연구에서는 작업을 요소 동작으로 분해하고 생산 공정의 표준적인 시간을 상정하여 하루의 과업을 설정하고, 스톱위치를 사용하여 효율적인 작업 방법을 산출한다. 동작 연구에서는 노동자의 생산 작업을 영화 필름에 담아 동작을 분석하여 가장 합리적으로 작업을 조직하려 했다. 대량생산시대의 노동 합리화에 대한 지식이 테일러 시스템으로 탄생했다.

러시아 혁명에 성공하기 전인 1914년 레닌(Vladimir Il'ich Lenin, 1870~1924)은 이러한 테일러 시스템에 예리하고 본질적인 비판을 가했다. 「테일러 시스템—기계에 의한 인간의 노예화」라는 논문에서였다.

레닌은 테일러 시스템이 영화 기술을 활용했음을 지적한다. "최적의 조작 조건을 산출하여 노동 강도를 증대시킬, 즉 노동

---

3   방영호·오정석 옮김, 21세기북스, 2010.

그림 3-2 프레더릭 테일러

자의 생산 속도를 향상시킬 수 있는 작업을 연구하기 위해 영화가 체계적으로 활용된다. 예를 들면 기계공의 조작을 하루 동안 촬영한 뒤, 등을 구부리거나 하는 행동 따위로 시간을 낭비하지 않고 작업을 하기 위해서는 어떻게 의자를 배치하면 좋을지를 전문가가 고안한다." 즉, 테일러 시스템이란 인간의 동작을 촬영하고 그것을 추상화하는 실험이었던 것이다. 영화라는 기술은 시간의 선형적인 흐름 속에 있는 인간의 동작을 포착하여 분해할 수 있게 했으며, 테일러는 이를 분석의 도구로 삼아 노동을 조직화하는 방법을 설계했다고 레닌은 말한다. 그는 영화라는 미디어와 테일러 시스템의 관련성을 정확하게 지적했던 것이다.

이를 보면 20세기 초의 마르크스주의자들이 그 시기 자본주의의 본질을 예리하게 꿰뚫고 있었음을 알 수 있다. 발전하고 있는 자본주의의 노동·생산 체계에 대한 레닌의 분석은 매우 예리하다. 그러나 이처럼 뛰어난 분석력을 가지고 있던 마르크스주의가 20세기 동안 서서히 쇠퇴해간 이유를 알기 위해서는 20세기 자본주의의 또 다른 측면, 즉 욕망·할리우드·소비의 측면을 살펴볼 필요가 있다. 이후 프랑크푸르트학파의 아도르노와 호르크하이머가 문화산업 문제에 대해 논하긴 했지만, 마르크스주의자가 소비에 관한 이론을 가지고 있지 않았던 것이 사회주의의 쇠퇴와 깊이 관련된다고 나는 생각한다. 이에 대해서는 나중에 다시 이야기하겠다.

테일러 시스템에서 포디즘으로

테일러가 이론화한 과학적 관리법을 실제로 적용한 것이 포디즘(Fordism)이다. 벨트 컨베이어(belt conveyor)[4]로 노동을 조직화하여 T형 포드[5]를 만든 것이다. 벨트 컨베이어는 영화의 프

---

4 벨트를 움직여 물품을 수평으로 운반하는 장치.
5 포드사에서 1908년 발표한 자동차 모델 T를 일컫는 말. 1908년 850달러이던 이 모델은 1924년 벨트 컨베이어 시스템으로 제조되어 250달러까지 가격이 낮아지면서 미국의 국민 자동차가 된다.

그림 3-3 **포드 공장**

레임 전송과 유사하다. 다시 말해 노동을 시간의 연속, 동작의 연속이라는 두 요소로 해체하여 가장 효율적이고 공리적인 시스템으로 편성함으로써 값싼 생산물을 만드는 것이다.

포드는 이렇게 대량생산 시스템을 실현했는데, 이에 대해서도 레닌은 다음과 같이 비판하고 있다. 노동이 균질화·평준화되어 누구라도 해당 작업을 할 수 있게 되면 장인(匠人)은 자신이 축적해온 작업 노하우를 상실한다. 대량생산 시스템이 구축(構築, 쌓아올려 만듦)됨으로써 장인은 구축(驅逐, 쫓아냄)되고 특별한 기술이 없는 노동자가 만들어진다. 그러니까 프롤레타리아화가 일어난다는 비판이다.

베르나르 스티글러는 프롤레타리아화를 경제 수단의 상실

이 아니라 '만드는 노하우(작업 지식)'의 상실로 재인식해야 한다고 주장한다. 20세기 자본주의의 원리에 따라 '만드는 노하우'가 상실되었고, 이것이 바로 프롤레타리아화를 가져왔다는 것이다. 숙련된 장인 대신에 기계가 작업을 하기 때문에 노동이 기계화된다. 레닌이 말한 것처럼 기계에 의한 인간의 노예화가 일어나는 것인데, 찰리 채플린이 〈모던 타임즈(Modern Times)〉(1936)에서 묘사한 비인간화가 이를 잘 보여준다.

또한 안토니오 그람시(Antonio Gramsci, 1891~1937)도 포디즘을 적확하게 비판했다. 그는 전통적 마르크스주의자와는 조금 달랐는데, 파시스트 정권에 체포되어 죽기 직전까지 10여 년에 걸쳐 옥중 생활을 했다. 거기서 쓴 노트는 33권에 이른다.[6] 이 옥중수고 가운데 「미국주의와 포디즘(Americanism and Fordism)」(1934)이라는 논문이 있다. 지금은 포디즘이라는 말이 보편적으로 사용되고 있지만 그 말을 최초로 사용한 것은 그람시였다. 원어는 이탈리아어이지만 그람시를 통해 포디즘이라는 말이 일반화되었다. 그람시는 이 논문에서 포디즘이란 무엇인가에 대해 말하고 있다.

우선 이윤율의 경향적 저하[7]에 대한 해답이 포디즘이다. 아

---

6   이상훈 옮김, 『그람시의 옥중수고(1~2)』, 거름, 1999.
7   생산에서의 이윤율이 장기적으로 점차 저하한다는 주장이다. 마르크스 경제학에 따르면 이윤율은 전체 자본 중 잉여가치액이 차지하는 비율을 말하는데, 자본주의

디지털 미디어의 이해

무리 T형 포드를 생산해도 구매층이 부자에 한정되어 있으면 시장이 언젠가는 포화하여 이윤을 낳을 수 없게 된다. 그러한 상황을 타개하기 위해 자동차를 최대한 싸게 생산하여 노동자도 T형 포드를 살 수 있도록 한다. 포디즘이란 말하자면 생산과 소비의 순환 시스템인데, 이를 통해 유럽형 계급사회에서 벗어나 누구나 T형 포드를 사서 탈 수 있는 대중 소비의 시대가 도래하여 사람들이 행복해진다. 이것이 포디즘의 산업 모델이다.

꿈의 공장 할리우드의 탄생

이러한 생산의 합리화, 대량생산화와 더불어 문제가 되는 것은 미국 자본주의의 또 다른 측면이자 문화산업의 핵심인 할리우드이다. 여기서 간단하게 할리우드의 역사를 살펴보자. 1890년 이래 에디슨은 영화 촬영용 카메라와 관련된 특허를 다수 보유하여 영화업계를 거의 독점하다시피 했다. 그는 경쟁 회사와 특허를 공유하는 영화특허회사(Motion Picture Patents Company)[8]를 만들어 허가(license)를 얻지 않은 회사의 영화 제작을 마피아와 탐정을 동원하여 방해했는데, 이를 피해 서해안

가 발전하면서 생산 설비 등의 자본이 증가함에 따라 이윤율은 점차 낮아진다.

8   1908년 미국에서 독립영화제작사들을 견제하기 위해서 만든 특허회사.

그림 3-4 초기 할리우드

으로 옮겨간 영화회사들이 할리우드를 만들었다.

1920년 무렵이 되면 할리우드에서 장편영화가 제작되는데, 장편영화는 편집(몽타주)에 의해 만들어진다. 그러니까 포드 공장에서 자동차를 조립하는 것과 마찬가지로 영화에서도 컷으로 분할된 숏(shot), 신(scene)들을 조립한다.

미국 장편영화의 기념비적 작품은 D. W. 그리피스(D. W. Griffith, 1875~1948) 감독이 만든 무성영화 〈국민의 탄생(The Birth of a Nation)〉(1915)이다. 이것은 쿠 클럭스 클랜(Ku Klux Klan: KKK)[9]을 주인공으로 한 매우 차별주의적인 영화인데, 이런 영화가 미국이라는 나라의 역사를 만듦과 동시에 사람들의

---

9   1866년 조직된 미국 백인 지상주의를 주장하는 비밀결사.

그림 3-5 그리피스의 〈국민의 탄생〉(1915)

상상 세계를 조립해갔다.

할리우드는 흔히 꿈의 공장(dream factory)이라 불리는데, 문자 그대로 꿈의 조각을 조립하여 대중의 꿈을 생산한다. 게다가 이것은 시네마라는 기술적 무의식을 원리로 성립되기 때문에, 무의식에서 꿈을 조립하여 사람들에게 욕망의 시나리오를 선사한다. 이것은 사회주의에서는 불가능한 일이었다.

욕망의 시나리오란 이런 것이다. 집에는 단정하게 손질된 잔디밭과 수영장이 있고, 차고에는 자가용이 세워져 있다. 또 아름다운 아내와 귀여운 아이들이 즐겁게 이야기를 나누고 있다. 즉, 행복한 가정의 이미지 같은 것들을 말한다.

이러한 중산계급의 꿈을 할리우드가 만들어냈다. 꿈 공장과 포드 공장이 한 쌍이 되어 미국 자본주의를 발전시켰으며, 미키마우스 같은 캐릭터가 몇 대에 걸쳐 아이들의 꿈을 조립해 왔다.

마케팅의 창시자 — 욕망이 소비를 낳는다

그리고 또 우리들의 생활을 크게 규정하고 있는 기술이 바로 마케팅이다. 이에 대해서는 의외로 잘 알려져 있지 않다. 덴쓰 (電通)나 하쿠호도(博報堂)[10]와 같은 광고회사 이름은 누구나 알고 있고 그 회사들이 제작한 광고도 자주 눈에 띈다. 물론 비즈니스 세계에 있는 사람들은 광고가 가장 기본적인 활동이라는 것을 상식으로 여기지만, 보통 사람들은 광고 제작에 마케팅 컨설턴트가 꼭 필요하다는 단편적인 지식 정도를 가지고 있을 뿐 마케팅에 대한 체계적인 지식은 가지고 있지 않다. 그래서 마케팅 분야에서 구체적으로 어떤 일이 일어나는지는 의외로 잘 모른다. 그렇지만 자세히 들여다보면 마케팅의 세계는 여러 가지 생각할 것들이 있는 매우 역동적이고 흥미로운 세계이다.

마케팅을 창시한 인물은 에드워드 버네이스(Edward L. Ber-

---

10 일본 최고의 광고회사. 덴쓰는 1901년, 하쿠호도는 1924년에 설립되었다.

그림 3-6
에드워드 버네이스(1920년대)

nays, 1891~1995)이다. 그는 오스트리아 출신 미국인으로, 정신

분석학자 지그문트 프로이트의 조카이다. 그가 마케팅을 창시

한 것은 결코 우연이 아니다. 버네이스는 어릴 때 미국으로 이

주하였는데, 『정신분석입문(Vorlesungen Zur Einfuhrung in die

Psychoanalyse)』(1917) 출판을 기획하는 등 미국에서 프로이트

이론을 보급하는 데 힘을 썼다. 그는 대단히 장수하여 100세를

넘겨 살았고, 노년의 인터뷰도 남아 있다.

　　버네이스는 프로이트 심리학을 기반으로 마케팅이라는, 20

세기 이후 인류에게 결정적으로 중요한 지식을 만들었다.

　　버네이스는 자신이 '동의의 공학(engineering of consent)'이

라 부른 PR 기술을 만들었다. '공학'이라는 말이 보여주듯이, 이

것은 일종의 테크놀로지이다. 마케팅이란 사람들 의식에 작용

하여 그것을 조작하는 테크놀로지로서 그 효용을 사회에 배치하는 것이다.

버네이스가 먼저 한 일은 제1차 세계대전에 미국이 참전할 수 있도록 국내 여론을 유도하기 위해 우드로 윌슨 대통령이 설치한 공보위원회(Commitee on Public Information: CPI)의 프로파간다(propaganda)를 입안하는 것이었다. 프로파간다란 전쟁 시기 사용되는 선전을 말한다. 전쟁이 끝나자 전쟁을 떠올리게 하는 프로파간다라는 말 대신 PR(Public Relation)로 바꾸어 부르자고 제안한(그리고 그것은 정착되었다) 것도 바로 버네이스였다. 지금도 정부나 기업, 대학은 홍보, 즉 PR을 하고 있는데, 그것은 제1차 세계대전에서 프로파간다로 불린 전쟁 기술인 것이다.

버네이스는 프랑스의 귀스타브 르 봉(Gustave Le Bon, 1841~1931)과 영국의 윌프레드 트로터(Wilfred Trotter, 1972~1939)의 군중심리학, 그리고 무엇보다 숙부인 프로이트의 집단심리학을 응용하여 대중의 무의식을 조작하는 기술을 개발했다. 그는 PR이 프로이트 이론에서 이드라 부른, 자아 아래에 숨겨진 무의식의 영역에 작용해야한다고 주장했다. 마케팅은 '인간의 개성 밑에 숨겨진 시장'을 표적으로 해야 한다는 것이다.

실제로 버네이스가 관여하여 성공한 몇 가지 마케팅 사례가 있다. 1920년대 미국에서는 여성의 흡연이 금기시되었다. 그러

그림 3-7
럭키 스트라이크 광고. "날씬해지고
싶으면 사탕 대신 럭키 스트라이크를."

나 남자만 담배를 피우면 시장은 곧 포화 상태가 된다. 따라서
담배업계는 새로운 표적을 찾기 위해 여성에게 눈을 돌렸다.
그 무렵 브리티시아메리칸 담배회사(British-American Tobacco
Industries Ltd.)의 상표인 럭키스트라이크의 프로젝트에 참여한
버네이스는 담배를 시대에 앞선 멋진 여성의 상징으로 바꾸는
이미지 전략을 전개했다.

　우선 버네이스는 프로이트주의자이기 때문에 섹슈얼리티 이
론에 입각하여 담배 피우는 행위를 설명한다. 남성은 페니스가
있으므로 담배를 피우는 것이 당연한 일이고, 그래서 또 여성의
흡연은 금기시된다. 그런 인식에도 불구하고 담배를 피우는 여
성은 강하고 현대적이다. 그런 설득력 있는 캠페인을 펼쳤다.

나아가 페미니스트 여성들을 뉴욕에 불러서 담배를 피우며 행진하게 했다. 여성들이 담배를 피우도록 하기 위한 캠페인에서 자유의 여신상을 연상시키는 '자유의 횃불(Torches of Freedom)'이라는 슬로건을 내걸고 그 모습을 미디어가 보도하게 했다. '담배를 피우는 여성은 강하고 현대적이다'라는 이러한 캠페인은 큰 성공을 거두었다. 이후 영화에서도 여성이 담배를 피우는 장면이 늘어나고 길거리에서도 그런 여성들을 많이 볼 수 있게 되었다. 이처럼 프로이트적인 집단심리학을 원용하여 미국에서 마케팅이라는 지식, 기술이 발달되었다. 마케팅이 소비를 만들어낸 것이다.

버네이스는 "수요(needs)가 아니라 욕망으로부터 소비가 생겨나도록 해야 한다."라고 말했다.

수요는 반드시 포화 상태가 된다. 자동차 한 대를 사면 그것이 별 탈 없이 주행할 수 있는 한 다른 자동차를 사지는 않는다. 사람들에게 "올해에 새로 나온 차가 좋아.", "새 차를 타고 싶어."라고 생각하게 만들어서 자동차를 바꾸게 하려면 어떻게 해야 하는가. 이를 위해 필요한 노하우가 마케팅 기술로 축적된다. 그리고 할리우드의 스타 시스템과 연동하여 자동차를 판매한다. 이처럼 할리우드라는 꿈의 공장과 사회의 무의식적 욕망을 엔지니어링하는 마케팅 기술은 소비를 생산하는 역할을 했다. 이것이 20세기 미국 자본주의의 시대를 만들었다.

군사, 라디오, 컴퓨터

이와 비슷한 시기에 라디오 방송이 발달했다.

도쿄 방송국(현재의 NHK)은 1925년 3월 22일에 라디오 방송을 시작하여 2015년에 90주년을 맞았다. 라디오라는 미디어의 발달 또한 전쟁과 평화와 밀접한 연관을 가지고 있다.

20세기 말에 인터넷이 급속히 보급된 것은 냉전이 끝났기 때문이다. 인터넷의 기원은 아르파넷(Advanced Research Projects Agency Network: ARPANET)이라 불린 군사용 패킷(packet) 통신 네트워크였다. 이것은 미군만 가지고 있던 기술로 적에게 핵 공격을 받았을 때 통신이 두절되지 않고 어디서든 서로 연락하기 위한 시스템으로 개발되었다. 냉전이 끝나고 이 기술이 민간에 개방되고 난 뒤부터 인터넷이 급속히 보급되어 사람들의 생활을 크게 바꾸었다.

통신 기술은 처음에 전쟁을 위해 개발되었다. 라디오도 그러한데, 라디오 기술의 발명은 19세기로 거슬러 올라가지만 본격적으로 사용된 것은 제1차 세계대전 이후였다. 제1차 세계대전 중에 라디오 기술은 주로 군대의 무선 통신으로 사용되었다. 전쟁이 끝나자 민간용으로 개방된 라디오에 레코드를 연결하게 되면서 라디오 방송이 보급되었다. 이처럼 기술의 발전은 전쟁과 평화와 깊이 관련되어 있다.

미국에서는 1920년, 일본에서는 1925년에 본격적인 라디오

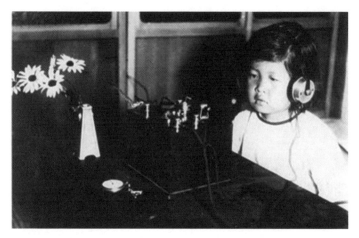
그림 3-8 광석 라디오를 듣는 소녀(1926년경, 金田增一 촬영), 일본 라디오 박물관 소장

방송이 시작되었다. 이처럼 90년 전에 일어난 라디오 기술의
보급과 지금 일어나고 있는 인터넷 기술의 보급은 평행적이다.
전쟁 의지 고양을 위한 프로파간다 행위가 평시에는 마케팅이
되어 사람들의 소비를 불러일으킨다. 그렇게 생산과 소비가 순
환하는 자본주의 시스템이 형성되어갔다.

리비도 경제 — 살아가는 노하우를 박탈하다

한편에는 물건을 만드는 경제가 있고, 다른 한편에는 인간의
꿈, 욕망, 소비를 만드는 경제가 있는데, 후자를 프로이트 용어
를 빌려 리비도 경제라고 한다. 이 용어는 프로이트가 무의식

그림 3-9 호르크하이머(좌)와 아도르노(우)

의 심적 에너지(리비도 에너지)의 움직임을 경제 원리로 설명하
면서 사용하였다. 대중산업사회의 꿈을 만드는 것을 비즈니스
의 중심에 놓은 것이 문화산업이었는데, 구체적으로 라디오,
영화, 레코드, 전화 등의 산업이 그것이다.

　20세기 자본주의와 문화산업의 표리 관계를 예리하게 간파
한 것은 테오도어 아도르노(Theodor Adorno, 1903~1969)와 막
스 호르크하이머(Max Horkheimer, 1895~1973)의 『계몽의 변증
법(Dialektik der Aufklärung)』(1944)이었다. 이 책은 1947년에
간행되었지만, 저술은 제2차 세계대전 중에 이루어졌다. 저자
인 두 사람은 나치가 세력을 확대하자 독일에서 미국으로 망명
한 유대인인데, 이들이 미국에서 라디오 방송, 할리우드 영화가

발달하여 사람들의 욕망을 환기하는 것을 목격하고 쓴 것이 이 기념비적 저작이다.

라디오는 전화에서 발달하였는데, 전화는 발명된 초기에는 실황 방송에 사용되었다. 아도르노와 호르크하이머는 『계몽의 변증법』의 「문화산업—대중 기만으로서의 계몽」이라는 장에서 라디오에 대해 다음과 같이 말하고 있다. 전화에서 라디오로 이어지는 과정에서 개인이 행하는 역할은 크게 변했다. 전화의 경우 통화자는 자유롭게 주체의 역할을 한다. 그러나 라디오의 경우 모든 사람은 일률적으로 청중이 되어 방송국이 끊임없이 내보내는 프로그램을 무조건적으로 받아들일 수밖에 없다. 라디오를 듣는 사람들은 다수, 대량(mass)의 청중이라는 위치에 놓인다. 요컨대 주체에서 객체가 되는 것이다.

소비를 생산한다

미디어는 산업사회와 단단히 연결되어 있다. 경제란 쉽게 말하면 물건을 만들어 파는 일인데, 이러한 생산 활동과 짝을 이루는 것이 소비 활동이다. 계속 물건을 만들어 팔면 당연히 시장은 포화 상태가 되기 때문에 소비를 관리하지 않으면 물건을 계속 만들 수 없게 된다. 그래서 자본주의는 어느 시기에 들어서면 소비 자체를 생산하게 된다. 테일러 시스템에서 시작

디지털 미디어의 이해

된 포디즘이 대량생산을 낳았고, 그것이 20세기의 거대한 원동력이 되었다. 이것은 미국형 자본주의의 세계 제패를 결정지은 사건이다.

이러한 자본주의와 짝이 되는 것이 할리우드로 그것은 꿈, 욕망을 만듦으로써 소비를 생산한다. 이들 문화산업을 가능하게 한 기술이 미디어이다. 이 둘이 짝이 되어 20세기 자본주의를 견인해왔다. 그리고 소비를 방향 짓는 기술이 마케팅이고, 이를 처음으로 도입한 것이 프로이트 조카인 에드워드 버네이스였던 것이다.

'꿈=욕망=소비'를 만드는 경제, 즉 리비도 경제를 근거 없는 심리학적·문화적 논의라고 할지도 모르겠으나, 실제로 그것은 자본주의에서 대단히 중요한 역할을 하고 있다. 리비도 경제에 작용함으로써 미국 자본주의는 크게 발전했다. 그리고 현대 자본주의 역시 리비도 경제 없이는 성립하지 않는다. 앞에서 레닌이나 그람시의 예리한 지적을 소개했지만, 20세기 마르크스주의자들은 리비도 경제에 대한 이론은 가지고 있지 않았다. 그들은 테일러 시스템 및 포디즘에는 아주 유효한 비판을 가했으나 할리우드와 마케팅에 대해서는 비판 이론을 갖고 있지 않았던 것이다.

포디즘은 작업의 노하우를 박탈하여 인간을 프롤레타리아로 만들었다. 다음으로, 영화를 비롯한 문화산업은 사람들에게 적당한 라이프 스타일을 제시해주었다. 이에 따라 사람들은 소비자가 되어 손쉽게 여러 가지 꿈(이미지)을 가질 수 있게 되었다. 그러나 그러한 균질화·평준화된 이미지를 무차별적으로 받아들이면서, 스스로 이미지를 만들고 그것을 자기 언어로 말하는 능력을 잃어버렸다. 이것 또한 일종의 프롤레타리아화 현상이다. 소비생활에서 삶의 노하우를 문화산업에 맡겨버린 것이다.

우리들이 살아가고 있는 21세기에는 이러한 경향이 더욱 심화되어 모든 삶의 장면이 매뉴얼화되고 있다. 미국 자본주의의 원리에 뿌리를 둔 미디어의 여러 문제들은 21세기 정보 자본주의에서 더욱 첨예화되어왔다. 이에 대해서는 5장에서 상세히 다루겠다.

코카콜라에 뇌를 팔다

문화산업은 인간에게서 삶의 노하우를 박탈했다. 이런 논리를 연장하면 TV 광고의 역할도 잘 볼 수 있다.

여기서 하나의 사례를 들어보자. 프랑스에 TFI라는 민영 방송국이 있다. 원래 공영 방송국이었으나 1987년에 민영화되어 현재는 프랑스 국내 시청률이 다른 방송국보다 크게 높은데, 특히 젊은이들에게 인기가 많다. 지금으로부터 10년 전쯤 이 방송국 회장(Patrick Le Lay)이 다음과 같은 말을 하여 물의를 일으켰다. "우리 민영 방송국의 일은, 예를 들면 코카콜라가 상품을 파는 것을 돕는 것이다. 우리의 프로그램 제작 사명은 시청자의 뇌를 광고를 위해 비워두는 것이다. 그러니까 오락 프로그램으로 시청자의 뇌를 편안하게 만들어 광고를 받아들일 수 있도록 하는 것이다. 우리들이 코카콜라에 파는 것은 인간의 뇌 속에서 그것(코카콜라)을 위해 비워둔 시간이다."

이 말은 대단히 유명해져 여러 이론가가 인용했는데, 이 방송국 회장은 이 발언으로 상당히 빈축을 샀다. 그렇지만 그는 여기서 자신들의 일을 매우 시니컬하게 정의하고 있다.

예를 들어 황금시간대에 TV에서 시청률이 15퍼센트인 한 시간 분량의 프로그램이 방송되고 있다면, 일본 인구 1억 가운데 1,500만 명이 보고 있는 셈이다. 1,500만 명의 뇌의 시간을 한 시간 "빌려서" 그 1,500만 개의 뇌로 광고를 흘려보내는 것은 대단히 효과적인 활동이다. 만약 그 광고료가 3억이라면 광고주는 한 시청자의 뇌를 겨우 20원에 빌리는 셈이다. 따라서 TV 방송국은 시청자 한 명의 뇌의 시간을 겨우 20원에 광고주 기업에게 판다는 논리가 된다. 우리는 민영 방송을 공짜로 본다고 생각하지만, 실제로는 방송국이 시청자인 우리의 '뇌의 시간'을 팔고 있는 것이다. 이 사실을 알게 된다면 미디어 사회의 한 단면을 잘 이해할 수 있지 않을까 한다.

이처럼 마케팅이라는 것은, 버네이스가 말했듯이, 바로 우리들 "마음속에 숨겨진 시장"에 작용하는 기술이다. 기업은 방송국에서 사람들의 뇌의 시간을 산다. 의식은 시간의 함수이기에 뇌의 시간을 산다는 것은 곧 사람들의 의식을 빌리는 것이다. 그리하여 광고로 사람들의 구매 의욕을 불러일으킨다. 이것은 물건의 형태를 한 실제 상품을 시장에서 판매하기에 앞서 의식의 메타 시장에서 먼저 판매하는 PR, 즉 프로파간다 활동이다.

의식의 시장은 메타 시장(시장의 시장), 즉 시장을 결정하는 힘을 가진 시장이다. 그것은 상품이 실제로 매매되는 시장보다 상위에 위치한다. 광고로 사람들의 의식에 작용하는 것은 실제 시장에서 상품을 선전하는 것보다 훨씬 효과가 있다. 그렇기 때문에 마케팅에서 광고는 대단히 큰 역할을 차지하고 있다. TV를 예로 들었지만 인터넷의 경우에 이러한 경제 논리는 더욱 단계가 올라간다. 그에 대해서는 5장에서 이야기하자.

4장

미디어의 디지털적 전환

두 번의 미디어 혁명(2) — 디지털 미디어 혁명

지금까지 말해왔듯이 20세기에는 두 번의 미디어 혁명이 일어났고, 미디어 문제는 현대의 인간사회 및 생활기반과 깊이 관련된다.

앞 장에서 설명한 것처럼, 미디어는 산업사회와 떨어질 수 없을 정도로 긴밀한 연관을 가지고 생산 활동과 짝이 되어 소비 활동을 촉진한다. 자본주의는 어느 시기부터 소비 자체를 생산하게 된 것이다.

생산의 자본주의와 짝이 되는 것은 소비를 생산하는 문화산업이고 그 기반 기술은 미디어이다. 이 둘이 짝이 되어 20세기 자본주의를 견인해왔다. 그리고 소비를 방향 짓는 기술은 마케팅이고, 이것을 처음 도입한 것이 앞 장에서 소개한 에드워드 버네이스였다. 그는 사람들의 의식을 만들어내는 테크놀로지를 사회에 배치해두는 공적을 남겼다. 이것은 조금 무서운 공적이기도 한데, 일반적으로는 그 점이 잘 알려져 있지 않다. 20세기 이후 문명에서 그가 만든 마케팅이라는 기술은 대단히 큰 힘을 가지게 되었다. 우리들이 영위하는 미디어 생활은 기본적으로 그 노선에 따라 만들어진다고 할 수 있을 정도이다.

여기서 내가 항상 사용하는, 20세기 미디어와 앎의 역사를 거의 모두 포괄하는 도식이 있다[그림 4-1]. 19세기 말, 20세기 초 소쉬르, 프로이트의 시대에서 시작하여 미디어 테크놀로지는 선진 자본주의 문명을 크게 변화시켜 왔다. 미디어 기술을 인간 정신을 형성하는 틀로 분석한 것이 프로이트와 소쉬르, 그리고 후설과 같은 20세기 사상가들이었다. 이들은 단지 책상 위에서 사변적으로 사고를 전개한 것이 아니다. 지금으로부터 한 세기 전에 등장한 아날로그 미디어는 인간 문명에 대단히 큰 변화를 초래했는데, 20세기 지(知)의 거인들은 이러한 미디어에 관해 대단히 뛰어난 견해를 남겼다.

요즘 버네이스를 알고 있는 사람은 거의 없다. 그렇지만 그가 만든 기술이 현재 우리들의 생활을 규정하고 있다는 것은 틀림없다. 이처럼 일반적으로 사람들은 미디어를 그다지 정확하게 파악하고 있지 못하다. 나는 항상 미디어를 문자의 문제로 파악하는 것을 연구의 기본에 두고 있다. 19세기에 기계가

미디어의 디지털적 전환

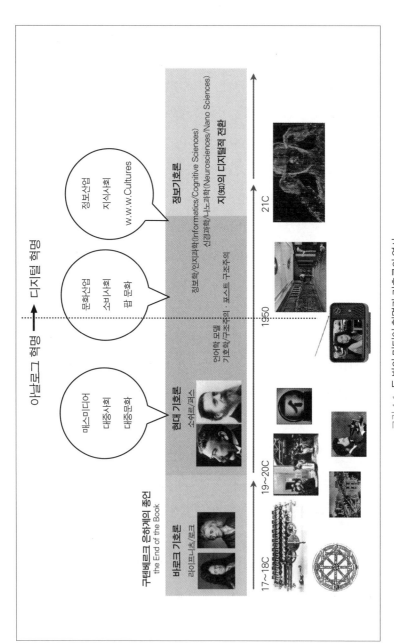

그림 4-1 두 번의 미디어 혁명과 기호론의 역사

쓰는 문자(테크놀로지 문자)가 생겨났고, 20세기 들어 테크놀로지 문자가 문명을 다시 써왔다. 아날로그 미디어, 즉 사진, 레코드, 영화, 전화 등이 발달하고, 이것들이 20세기 자본주의의 전개와 연계되어 우리의 문명 생활을 형성해왔다.

그러나 미디어 혁명은 일회성으로 끝나지 않았다. 1950년 전후 컴퓨터 개발을 계기로 디지털 미디어 혁명이 일어났다. 20세기에 일어난 두 번의 미디어 혁명은 꼭 50년 간격으로 일어났다. 1900년 전후로 아날로그 혁명이 있었고, 1950년 전후를 경계로 미디어가 컴퓨터화되어갔다(디지털 미디어 혁명). 이 두 혁명을 확실하게 파악해야 현재 우리들의 미디어 생활을 포착할 수 있는 시각을 얻을 수 있다. 앞 장에서는 1900년 전후에 일어난 변화를 다루었는데, 이 장에서는 그다음에 일어난 정보혁명(디지털 혁명)과 현재의 정보산업사회의 성립에 대해 이야기하고자 한다.

정보혁명과 의식 시장

지금까지 설명해왔듯이, 미디어의 역할은 인간의 지각보다 아래의 차원에서 문자를 씀으로써 인간 의식을 새로이 생산하는 것이다. 이것을 기술적 무의식이라 부른다. 할리우드 영화만이 아니라 TV, 라디오, 인터넷과 광고 등에 의해 인간의 의식이 산업적으로 생산된다. 앞 장에서 소개한 버네이스는 의식이 마음속에 숨겨진 시장을 구성한다고 말한다.

1980년대 기호론이 유행했을 때 일본에서도 종종 "의미를 소비한다."라는 말을 하곤 했다. 의미를 소비한다는 것은 바로 인간 의식 내에 형성된 욕망이 상품, 행동을 선택하는 동기가 된다는 뜻이다. 생산물을 판매할 때 상품의 기능을 상세히 설명하기보다 대중의 의식에 직접 영향을 미치는 것이 유리하다. 상품 시장보다 상위에 대중의 동기(의식)를 둘러싼 메타 시장이 있는데, 거기에 작용하는 기술이 마케팅이다. 광고, PR 등의 마케팅은 지금은 모든 나라에서 이루어지고 있다. 의식의 메타 시장에 대단히 큰 산업적 이해관계가 걸려 있기 때문에 산업 사이에 이를 둘러싼 격투와 쟁탈이 벌어진다. 사람들의 의식 시장을 둘러싸고 다양한 경쟁이 일어나는 것이다.

생산력이 향상되면 생산의 총량은 저절로 늘어나지만, 인간의 시간과 주의력은 유한하다. 아무리 자지 않고 노력해도 하루는 24시간밖에 되지 않는다. 이러한 유한성을 둘러싸고 대단히 큰 커뮤니케이션(미디어)이 우리에게 작동한다. 그것들은 우리들의 시간과 주의력을 빼앗아 자신들의 의식 시장으로 유도하고자 한다.

예를 들면 TV 시청률을 둘러싼 경쟁이 그러하다. 주의력을 둘러싼 다양한 활동이 왕성히 이루어지고 더욱 가속화되고 있

디지털 미디어의 이해

다. TV가 일방적으로 프로그램을 내보는 단계에서는 채널을 바꾼다고 해도 선택지가 한정되어 있다. 지상파 방송이 7개라면 그 7개의 방송국 사이에서, 또 한정된 동시간대 프로그램 사이에서 경쟁이 이루어지는 것이다. 그러나 인터넷의 출현으로 여러 미디어를 동시에(multi-task)[1] 보는 것이 일반화되면 사람들의 주의력은 더욱 분산되고 파편화된다. 여기서는 인간의 주의력과 시간이 쟁탈해야 할 희소자원이 된다. 정보혁명이 진전되면 의식 시장을 둘러싼 경쟁은 비약적으로 격렬해진다.

디지털 혁명의 시작

문화산업은 이제 아날로그 미디어(매스미디어) 시대와는 크게 달라지고 있는데, 디지털 미디어 혁명이 이와 관련되어 있다.

디지털 혁명은 1950년 무렵 컴퓨터가 개발되면서 시작되었다. 컴퓨터는 그것이 발명되기 전 50년 동안 아날로그 미디어가 축적해온 아날로그 기호를 디지털 기호로 바꾸기 시작하여, 2000년을 전후하여 그것들을 모두 디지털 기호로 바꾸었다. 우선 필름 카메라가 디지털 카메라로 바뀌어 아날로그 카메라를

---

[1] 원래 한 컴퓨터에서 두 가지 이상의 프로그램을 한 번에 운용하는 시스템을 일컫는 말로, 현재는 여러 가지 일을 동시에 한다는 뜻으로도 사용된다.

사용하는 사람이 극히 드물게 되었고, 지금은 특별한 취미를 가진 사람이 아니면 필름으로 사진을 찍는 일은 없다. 그보다 앞서, 아날로그 레코드를 들었던 사람들이 CD·MP3와 같은 디지털 미디어로 옮겨갔다. 이처럼 데이터는 점점 디지털 미디어의 원리로 변환되어왔다. 그리고 TV도 2011년 7월 24일에 지진 피해를 입은 세 개의 현을 제외한 일본 전국에서 아날로그파 전송이 중지되고 모두 디지털로 바뀌었다. 이로써 아날로그 미디어였던 TV가 디지털 미디어가 되었다. TV 지상파 디지털화는 디지털 혁명의 일단락을 의미한다.

디지털 미디어 혁명이란 쉽게 말하면 모든 것이 컴퓨터가 된다는 뜻이다. 전화, 카메라 등에는 아날로그 미디어의 형태가 남아 있지만, 그 핵심은 컴퓨터이다.

모든 미디어 기기가 컴퓨터가 되는 디지털 미디어 혁명에는 두 가지 요소가 필요했다. 하나는 수학 패러다임인데, 쉽게 말하면 모든 것을 계산가능하게 하는 이론이다. 이는 0과 1이라는 기호만으로 모든 것을 처리하는 계산식을 만드는 것이다. 앨런 튜링은 1936년에 튜링 머신을 고안하여 모든 것을 알고리즘화하는 원리를 도입하였다. 이에 대해서는 나의 전공을 넘어서기 때문에 상세한 것을 알고 싶은 분은 정보과학에 대한 입문서를 읽기 바란다.

또 하나는 정보를 양으로 다루는 계산식이다. 이것은 벨연

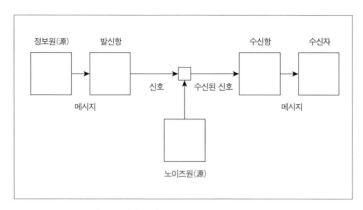

정보원(源) 발신항 수신항 수신자

신호 수신된 신호

메시지 메시지

노이즈원(源)

그림 4-2 **샤넌 모델(샤넌과 위버의 커뮤니케이션 모델)**

구소 연구원이었던 전자공학자이자 수학자인 클로드 샤넌이
제창한 것으로 샤넌 모델이라고 한다. 그는 1948년에 「통신의
수학적 이론(The Mathematical Theory of Communication)」[2]이라
는 논문을 발표했다. 이것은 이미 고전적인 텍스트가 되었는데,
여기서 그는 전화로 대화하는 상황에 착상하여 정보가 입력 ·
출력되는 과정을 나타내는 계산식을 만들었다. 그리고 확률변
수의 정보량을 나타내는 척도로 엔트로피라는 개념을 도입했
다. 또한 정보량의 단위로 우리들이 현재 사용하고 있는 비트,
바이트를 처음으로 주장했다.

그가 주장한 샤넌 모델을 이용하여 모든 신호(정보)를 계산 ·

2 W. 위버 해설, 진용옥 옮김, 통신정책연구소, 1985.

그림 4-3 에니악 ENIAC(1946년)

처리할 수 있게 되었다. 아날로그 미디어를 보면, 예를 들어 전화는 전기 신호, 사진은 광학 신호로 이루어져 있다. 그는 그러한 물리적 신호를 계산·처리하기 위한 식을 만들었다. 이에 따라 앞에서 본 튜링 머신에 의한 알고리즘화가 가능해져 기계가 마음대로 계산할 수 있게 되었다. 그리고 1946년 이 수식을 장착한 컴퓨터 에니악(Electronic Numerical Integrator and Computer: ENIAC)이 발명되었다. 탄도 미사일의 궤도 계산에 사용되는 등 군사 기술과도 관련되어 있지만, 폰 노이만 컴퓨터라고 하여 처음에는 대형 계산기로 세상에 등장했다. 컴퓨터의 역사는 여기서 시작되었다. 이것이 점점 작아져서 지금은 모든 곳에서 그 원리가 작동하고 있다.

계산기에 의한 바꿔 쓰기

이러한 디지털 미디어 혁명에 관해서는 여러 시점에서 파악하는 것이 중요하다. 인간은 기계가 기록하는 문자(테크놀로지 문자)를 의미·의식의 요소로 받아들인다. 여기에 '계산기에 의한 바꿔 쓰기'라는 과정이 개입하면 어떻게 될까.

퍼스의 도식[그림 3-1]을 보면, 손으로 문자를 쓰거나 그림을 그리는 것밖에 할 수 있는 게 없었던 인간이 19세기에 아날로그 미디어가 발명되면서 인간이 쓸 수 없고 그릴 수 없는 흔적(지표)까지 기계로 쓰거나 그릴 수 있게 되었다. 퍼스의 도식에서 보면, 문자(Letter)에서 상(Image)으로 아래로 내려가는 방향이다. 다양한 노이즈, 빛의 미묘한 감각까지 포착할 수 있게 되면 자연히 소리, 화상, 영상은 선명해진다. 그리고 인간은 이러한 테크놀로지 문자를 송수신할 수 있게 되었다. 인간은 글을 쓰거나 그림을 그릴 때에도 일단 심상으로 변환하여 머릿속에서 대상을 포착하지 않으면 표현이 불가능하다. 어쨌거나 손으로 쓰는 것이기 때문이다.

그런데 아날로그 미디어가 출현하면서 신체 감각적인 수준까지 쓸 수 있게 되었다. 예를 들면 TV를 통해 원격으로 보(tele-vision)거나, 전화로 먼 곳과 통화(tele-phone)하는 것만으로 시각이나 청각이 확장된다. 그런 의미에서 테크놀로지 문자는 인간의 정신(Mind)에서 신체(Body) 쪽으로 내려왔다. 컴퓨터로 처리할 때에도 화상이나 동영상은 파일 용량이 대단히 크다. 지표(흔적)는 노이즈 같은 불필요한 것도 포함하고 있기 때문에 정보량이 큰 것이다. 우편과 같은 통신에서 인간은 사용하고 싶은 정보에서 언어를 골라 문자로 쓰거나, 그리고 싶은 형상을 집어내어 그림을 그렸으나, 미디어 커뮤니케이션에서는 그 정보량이 처리할 수 없을 정도로 커지게 되었다. 이처럼 미디어의 출현으로 생겨난 기호 생활의 변화를 인식하는 것이 중요하다.

컴퓨터는 개발되었을 당시에는 숫자만 다룰 수 있었다. 다시 말해 계산만 할 수 있었기에 퍼스의 도식에서 보면 상징에만 관여하고 있었던 것이다. 대단히 무미건조하달까, 한정된 일만 할 수 있었다. 그런데 서서히 텍스트(문자)도 다룰 수 있게 되어 언어, 글을 표현하는 것도 가능해졌다. 도스(DOS)로 워드를 치던 때를 생각해 보시라. 기계의 정보처리능력은 점점 향상되어 마침내 아날로그 미디어가 장악하고 있던 사진이나 음성기록, 동영상과 같은 영상, 음성 등도 모두 0과 1로 표시하여 다룰 수 있게 되었다.

라이프니츠의 발명

0과 1로 모든 것을 표시하는 컴퓨터의 원리는 17세기 라이프니츠로까지 거슬러 올라간다. 0과 1만으로 모든 언어를 쓸 수 있다. 0과 1로 언어를 쓰면 그것은 수이기 때문에 계산이 가능하여 계산기로 처리할 수 있다. 이러한 아이디어는 라이프니츠가 발명한 것이다. 따라서 컴퓨터의 아버지는 튜링이나 섀넌이 아니라 라이프니츠이다.

그가 겨우 스무 살에 쓴 「결합법칙(De Arte Combinatoria)」이라는 논문에는 이미 컴퓨터의 원리가 적혀 있다[그림 4-4]. 라이프니츠는 0과 1로 모든 사고를 표현할 수 있다는 것을 발견하는데, 그는 그것을 '사고의 알파벳'이라고 불렀다. 그는 음양의 조합으로 사물을 정리하는 중국의 역(易)과 비슷한 발상을 내보인 것이다[그림 4-5]. 이진법(binary)으로 모든 것을 나타내면 계산이 가능해지고 기계가 그것을 처리할 수도 있다. 그는 이것을 보편기호론(Characteristica universalis)이라 불렀다.

앞에서 말했던 것처럼 라이프니츠의 보편기호론이야말로 컴퓨터의 사상적 발명이었다. 이진법으로 모든 수를 처리한다는 원리는 굉장히 뛰어난 생각이지만, 실제로는 모든 개념을 0과 1로 쓴다는 것은 대단히 번잡한 일이다. 숫자가 커질 때 이진법의 자릿수는 십진법에 비해 비약적으로 커진다. 아주 큰 자릿수끼리의 덧셈과 곱셈은 단순한 것이라도 아주 강력한 계산 기능이 필요하다. 기술적인 진보가 없으면 적절한 처리 속도로 의미 있는 계산을 하는 것이 불가능하다.

앞에서 말한 에니악(ENIAC)이라는 폰 노이만(John von Neu-mann, 1903~1957)의 컴퓨터는 진공관을 조립하여 만든 것이기에 여전히 십진법을 사용했다. 그러나 전기 신호로 0과 1을 처리하는 것에서 시작하여 여러 시행착오를 거쳐 결국 사용 가능한 컴퓨터가 만들어지게 되었다. 라이프니츠의 계산기[그림 4-6]처럼 톱니바퀴로 계산할 경우 아주 간단한 계산식은 가능하지만 인간의 언어처럼 복잡한 것은 다룰 수 없었다. 그러나 그러한 처리능력도 서서히 향상되어 지금은 작은 실리콘칩의 집적회로에 방대한 양의 정보를 담을 수 있게 되었다. 나아가 분자배열 이하의 수준, 즉 나노테크놀로지[3]까지 발달하였다. 이처럼 컴퓨터는 점점 소형화되고 있지만 원리적으로는 모두 0과 1로 표시된다. 그러한 장치가 모든 곳에서 사용되고 있다.

컴퓨터는 이때 무슨 일을 하는가. 예를 들면 사진을 디지털로 만들면 아날로그로 촬영한 화상의 명도·채도를 컴퓨터가 모두 디지털 기호(0과 1)로 변환하여 정보처리한다. 디지털 카메라의 렌즈는 컴퓨터가 아니라 광학 장치이지만, 거기서 입력된 신호(화상)를 디지털로 변환하여 사라지거나 퇴화되지 않도록 메모리(데이터)로 만드는 것은 컴퓨터이다. 컴퓨터는 아날로그 미디어로 쓴 테크놀로지 문자를 0과 1이라는 숫자로 변환한다.

3 　물질을 나노미터의 영역, 즉 원자·분자의 크기에서 자유자재로 제어하는 기술.

디지털 미디어의 이해

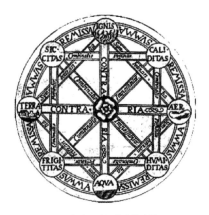

그림 4-4 라이프니츠, 「결합법칙」(1666)

000000	0	ou 7
000001	1	Et qu
000010	2	& un
000011	3	peser
000100	4	& pc
000101	5	ner p
000110	6	C
000111	7	très-
001000	8	
001001	9	P
001010	10	pa
001011	11	
001100	12	P
001101	13	ti
001110	14	
001111	15	
010000	16	
010001	17	
010010	18	
010011	19	
010100	20	
010101	21	
010110	22	
010111	23	
011000	24	Et
011001	25	be
011010	26	da
011011	27	de

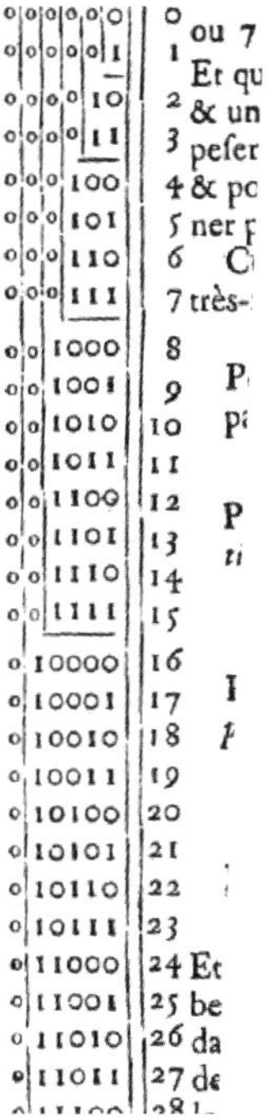

그림 4-5
라이프니츠, 「0과 1이라는
숫자만을 사용한 이진법
산술의 해설」

그림 4-6 라이프니츠의 계산기

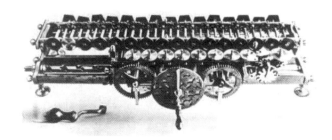

이러한 수치화라는 원리에서 디지털 미디어는 생겨난 것이다.

정보기호론

손으로 쓰는 문자(Letter)는 아날로그 미디어의 출현으로 상(Image)이 되었다. 아날로그 테크놀로지 문자는 대상에 점진적으로 접근하여 대상과 동일해지려 한다. 이러한 아날로그 미디어를 수열로 디지털 변환하여 계산가능하게 만든 것이 디지털 미디어이다.

앞 장에 나온 기호 피라미드[그림 3-1]를 발전시킨 그림 4-7을 보자. 아날로그 미디어가 포착한 흔적(index)을 아날로그 정보로 받아들여 디지털로 변환한다. 나아가 거기서 유의미한 정보(형태, 색, 날짜, 장소, 촬영자 등 응용 가능한 정보)를 추출하기 위해 임의의 프로그램으로 계산한다. 홉스가 말한 대로 사고가 계산이라면 계산식만 대입하면 기계도 사고할 수 있게 될 것이다. 디지털화 시대에는 이런 식으로 기호 역(逆) 피라미드 부분이 우리들의 기호 생활에 더해지게 되었다.

인간은 정신(Mind)을 직접 쓰는 기호 생활과는 다른, 신체(Body)와 상(像)의 수준에서 정보처리 과정에 접근하는 생활을 하게 되었다. 컴퓨터와의 경계면(interface)에서 인간의 마음(Mind)과 기계의 계산이 마주하는 세계가 된 것이다. 인간이

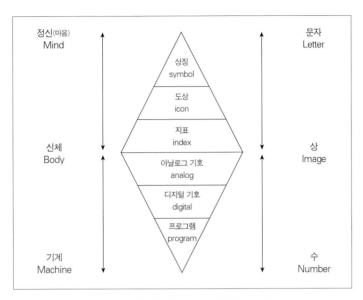

그림 4-7 **기호 피라미드와 기호 역(逆) 피라미드**

세계를 지각하여 정신에 의식과 의미가 생겨나고 있는 도중에
도 기계는 인간의 감각 경험과 행동 패턴, 사고를 해석하는 정
보처리의 프로세스를 시시각각 행하고 있다. 앞 장에서 소개한
퍼스의 기호론에서는 인간의 기호 생활을 세미오시스(semiosis,
기호과정)라 부르는데, 인간의 기호 생활은 항상 그리고 이미 기
계의 정보처리(information processing)와의 경계면에서 이루어
지게 되었다. 나는 이러한 관계를 다루는 기호론의 새로운 방
법을 정보기호론(information semiotics)이라 부르며 연구를 진
행하고 있다. "인간이 세미오시스(기호과정)하고 있는 동안에 기

계는 정보처리를 하고 있다." 이 문제를 다루는 것이 정보기호
론이라는 연구 분야이다. 그림 4-7은 인간과 기계의 관계를 나
타낸 그림이다.

세계의 디지털화

내가 지금 PC의 경계면(interface)을 주시하고 있다고 가정해보
자. 내 마음(정신, Mind)이 PC를 보고 있는 동안 PC 쪽에서는 나
의 조작을 디지털 기호열로 변환하고 있다. 이러한 경계면 관계
가 서서히 일상생활의 고정값(default)이 되고 있다. 세계의 디
지털화가 완성되면 모든 곳에 이러한 경계면이 놓이게 된다.

　디지털 기호로의 변환이란 흔적을 모두 수치화한다는 의
미이다. 아날로그 데이터를 컴퓨터가 다룰 수 있도록 프로그
램화, 알고리즘화한다. 실세계는 아날로그적이지만 모든 곳에
컴퓨터가 배치되면 정보는 시시각각 디지털로 변환되어 어딘
가에 데이터로 저장된다. 사고를 계산식으로 나타낼 수 있다
면 알고리즘화도 가능하다. 그러한 변환을 통해 마음을 가진
인공지능을 구상할 수도 있게 된다.

　모든 정보가 데이터베이스로 편입되면 마침내 세계 자체가
데이터베이스와 같은 값을 가지게 되고, 그러한 데이터베이스
속에서 인간 세계가 이루어지게 된다.

디지털 메모리

디지털화에는 다음과 같은 이점이 있다. 예를 들면 레코드는 비닐 위에 기록함으로써 성립된다. 전화는 전화선이라는 물질로 신호를 보냄으로써 성립된다. 사진은 화학적 반응을 일으키는 건판 위에 빛의 흔적을 담음으로써 성립된다. 그러니까 여기서는 미디어의 재질과 흔적 사이에 유비(analogy) 관계가 고정되어 있다.

그러나 디지털 혁명에서는 그러한 소재의 종류와 상관없이 매체에 기록된 것을 읽고 모두 0과 1의 기호열로 변환한다. 그렇게 하면 기록이 퇴화되거나 사라지지 않는다는 이점이 있다. 사물은 당연히 퇴화되거나 사라진다. 사진은 시간이 지나면 누런색으로 변하고, 레코드는 마멸되어 소리가 선명하게 들리지 않게 된다. 사물에 새겨지고 물질과 관련되는 한 이런 문제는 반드시 일어난다. 그러나 디지털 미디어에 기록된 것은 기호로 데이터가 옮겨지고 복사되어도 사라지지 않는다.

데이터(data)는 원래 라틴어 datum의 복수형으로서 '주어진 것'이라는 뜻이다. 주어진 것은 반드시 컴퓨터 안에 저장된다. 컴퓨터 용어로는 이것을 메모리화된다고 말한다. 메모리라고 해도 인간의 추억(기억)과는 다르게, 컴퓨터로 메모리화된 데이터는 원리적으로는 퇴화되거나 소실되지 않는다. 아날로그 신호는 물리적으로 퇴화되지만, 디지털 신호는 수치 자체가 기억

되어 있는 한 퇴화되지 않는다. 모든 것이 메모리화되고, 게다가 퇴화되지 않기 때문에 잊힐 일도 없다.

검색인간과 단말인간

이러한 상황이 고정값(default)이 되면 사물과 지식을 발견하기보다는 정보를 검색하게 된다. 예를 들면 지금 있는 장소를 모르는 경우 걸어다니면서 경험적으로 길을 탐색하는 것이 아니라 구글어스(Google Earth)에 등록된 것을 검색한다. 세계가 데이터와 동일한 값을 갖는다면 검색하는 편이 훨씬 쉽고 빠르다. 그러면 모든 것을 검색으로 찾게 되어 실제 세계와의 접촉이 점점 줄어들고, 결국 리얼한 바깥 세계를 상실하게 된다.

인터넷을 보고 있으면 모든 정보가 실려 있는 것처럼 생각되기 때문에 몇 시간 동안이나 정보 검색이라는 활동을 하며 보내게 된다. 인간 활동 가운데 검색이라는 활동이 대단히 큰 비중을 차지하게 되었다. 무엇을 어떻게 검색했는가에 따라 정보가 결정되고 그 이력에 따라 다음 날도 또 다음 날도 검색을 계속한다. 그런 식으로 여러 가지 정보나 지식을 얻으며 생활하기 때문에 검색에 의해 당신의 세계가 열리고, 검색에 의해 당신은 당신 자신이 되어 간다. 당신은 스스로 검색하고 각 페이지를 클릭하여 다음 페이지로 나아간다. 예를 들면 인터넷

서핑을 할 때 모두 동일한 야후 재팬(Yahoo Japan) 첫 화면에서 출발해도 몇 분이 지나면 각기 다른 화면을 보고 있다. 당신은 검색인간으로서 개인이 되는 것이다.

컴퓨터에서는 당신이 당신의 단말 계정의 아이디와 패스워드를 입력해야만 커뮤니케이션 네트워크에 들어갈 수 있다. 여기서는 각자가 어디에서 데이터로 진입하는지 자체가 반드시 데이터화된다. 각각의 사람은 자기 계정의 숫자열을 통해서만 유니버스(우주)에 들어갈 수 있는 것이다. 그 유니버스에서는 각각의 사람들이 인터넷 속의 모든 단말과 연결되어 있기 때문에, 그들은 개별적인 고유의 단말에서 모든 정보를 표출(表出)할 수 있는 가능성을 가지고 있다. 각자가 각자의 독자적 방법으로(단말인간으로서) 모든 우주를 표출하고 있는 것이다. 이것 또한 라이프니츠가 그의 저서 『단자론(Monadology)』(1914)에서 묘사한 우주 원리이다.

아날로그 미디어 혁명을 설명할 때 문자(graph) 테크놀로지와 원격(tele) 테크놀로지의 결합에 대해 이야기했다(2장).

디지털 미디어에서도 똑같은 결합이 일어난다. 디지털화되고 수치화된 테크놀로지와, 커뮤니케이션하는 원격 테크놀로지가 결합한다. 인터넷이 그 단적인 사례이다. 다만 디지털 미디어에서는 수치를 매개로 결합한다. 그 경우 모든 커뮤니케이션은 원리적으로는 수치끼리의 결합이 된다. 당신 자신도 그

커뮤니케이션 속에 하나의 데이터로서 들어갈 수밖에 없다. 수
치의 결합이라는 형태로 모든 정보와 연결되어 있지만, 고유의
시점에서만 이 네트워크의 모든 단말과 소통할 수 있다.

매트릭스화하는 세계

디지털화란 수치화이고 수치화된다는 것은 곧 모든 것이 일단
수열로 분해된다는 뜻이다. 숫자로 분해하면 조합을 바꿀 수
있기 때문에 시뮬레이션이 가능해진다. 기록된 것은 매트릭스
(행렬)가 되는데 이것 역시 컴퓨터의 커다란 특징이다.

아날로그 미디어의 경우에는 광경(scene)이 피사체의 사진
이나 영화로 전달된다. 그런데 이 정보를 디지털화하면 추상적
인 수치가 되기 때문에 조합을 바꾸면 다른 영상도 만들 수 있
다. 수치(데이터)로 보존된 것은 조합을 바꾸어 재이용하거나
색과 형태를 바꿀 수 있다. 디지털화된 데이터는 단순한 데이
터가 아니라 그것으로부터 다양한 색과 형태를 만드는 매트릭
스가 되는 것이다.

예를 들어 미키마우스는 그린 사람의 기술, 감각에 의해 다양
하게 그릴 수도 있지만, 이 화상을 컴퓨터에 넣어 디지털 변환
하면 무라카미 다카시(村上隆, 1962~)[4]나 앤디 워홀(Andy Warhol,
1928~1987)의 그림 같은 다양한 미키마우스를 생성할 수 있다.

모든 형상을 아스키(ASCII) 아트로 그릴 수 있듯이 모든 정보를 0과 1로 변환하면 모든 이미지를 생성할 수 있다. 모든 정보가 데이터화되고 0과 1이 되어 퇴화, 소실되지 않으면 인간처럼 망각하는 일도 없다.

보르헤스의 지도, 망각을 잊어버린 사람

디지털 미디어 위에 쓰인 것은, 기호를 옮겨 적어 기호 자체를 계속 복사하면 소실될 우려가 없다. 지금은 개개인 모두가 컴퓨터(스마트폰, 태블릿)를 가지고 다니기 때문에 개개인의 흔적이 모두 보존되고, 수집되며, 축적된다.

이것을 지도에 비유해 설명해보자. 지금은 여러 정보를 담은 인터넷과 같은 거대한 지도가 만들어져, 거기에 많은 사람들이 블로그나 트위터, 홈페이지 등으로 정보로서의 생활 흔적을 기록하게 되었다. 또한 단말기가 자동으로 날짜나 시각, 위치 정보와 같은 메타데이터를 부여한다. 정보의 정밀도는 점점 실물 세계의 공간과 시간에 근접해가고 있다.

정보의 정밀도가 한없이 현실에 가까워지면 결국 모든 것이 정보와 동일한 값을 가지게 될 것이다. 호르헤 루이스 보르헤

---

4 일본의 팝아티스트, 현대미술가.

스(Jorge Luis Borges, 1899~1986)의 「학문의 엄밀함에 대해(On Exactitude in Science)」라는 한 장짜리 초단편 소설에는 지리학이 너무나 발달하여 제국의 크기와 동일한 척도의 지도를 만들었다는 역설적인 일화가 쓰여 있다. 지금은 정말 세계의 정보 지도가 이것과 동일한 상황에 가까워지고 있다.

모든 인간의 흔적이 새겨진 거대한 지도가 형성되었다. 예를 들면 라이프로그(lifelog)라는, 개인이 자신의 24시간 일상이나 인생 기록을 전부 소형 디지털 카메라가 달린 웨어러블 디바이스로 기록하는 기술이 있다. 실제로 구글글래스 같은 것으로 매일의 기록을 촬영하는 실험을 하는 정보과학자도 있는데, 이것은 얼핏 편리해 보이지만 역설적인 문제가 존재한다. 일생의 기록을 계속 촬영한다고 하자. 죽어버리면 그것을 다시 볼 수 없다. 실시간으로 기록 전부를 다시 보려면, 80세까지 산다고 할 때 40세까지 오로지 기록하고 그 이후의 40년 동안 본다고 해도 그것을 보고 있는 자기 생활도 계속 기록할 것이고, 그렇다고 한다면 또⋯⋯. 이것은 보르헤스의 지도와 같은 역설적인 상황에 빠질 것이다.

보르헤스의 다른 단편 「기억의 천재 푸네스(Funes el Memorioso)」(1944)[그림 4-8]에는 모든 것을 기억하여 잊어버릴 수 없는 병에 걸린 사람이 나온다. 여기서도 라이프로그와 동일한 역설이 존재하는데, 인간은 잊어버릴 수 없으면 무언가를 기억

그림 4-8 보르헤스, 「기억의 천재 푸네스」

하는 것도 불가능하다. 기억하기 위한 시간이 확보될 수 없는 것이다. 인간이 무언가를 기억하려면 잊어버리지 않으면 안 되기 때문에 모든 것을 기억한다는 것은 아무것도 기억하지 못한다는 것과 순환 구조로 연결되어 있다. 이것도 또한 대단히 역설적인 문제를 제기한다. 우리들도 푸네스처럼 머리가 아파질 것이다.

디지털 혁명의 완성

앞서 디지털 혁명이 서서히 완성되어 세계와 정보가 동일한 값이 되고 있다고 말했다. 지금 거의 대부분의 사람들이 스마트폰 등의 모바일 미디어를 소지하게 되었다는 것은 인간의 삶과 컴퓨터가 항상 일대일로 대응하고 있음을 의미한다. 자는 동안을 제외하고 그것은 항상 각자에게 부착되어 있고, 깨어 있을 때의 커뮤니케이션 활동은 대부분 컴퓨터가 담당하고 있다. 모바일 미디어 네트워크가 인간 삶을 완전히 에워싸고 있는 것이다. 나아가 구글글래스나 애플워치와 같이 신체에 더욱 밀착된 웨어러블 미디어도 보급되고 있는데, 앞으로는 몸 속에 마이크로칩을 삽입하는 등 인간이 사이보그화되는 단계로까지 나아갈지도 모른다.

사물 인터넷

또한 사물에도 컴퓨터가 장착되고 있다. 이를 사물의 네트워크화라고 하는데, 여러 곳에서 사용되고 있다. 예를 들면, 슈퍼마켓의 쇼핑카트에 유비쿼터스 컴퓨팅 단말을 부착하여 소비자의 행동 기록과 연동하는 실험이 이루어지고 있다. 페트병이 언제 어디서 배달되었는가가 칩에 기록되는 것과 같이, 사물과 사물이 인터넷으로 연결되어 커뮤니케이션하고 있는 것이다. 사물끼리 연결하여 각각의 법칙성을 추출하고 그것을 수식화, 알고리즘화(자동계산 과정으로 변환)하면 도시락과 녹차처럼 친화성이 높은 것은 저절로 한 세트가 된다. 그러니까 사물과 사물이 서로를 불러 결합하는 것이다. 이것이 자동화이다. 자동화는 당초 사물을 생산할 때 일어나는 현상이었으나 지금은 관계성 자체가 자동화되고 있다. 결국 사물과 사물, 혹은 사물과 사람의 관계가 자동으로 조정 가능하게 된 것이다. 어떤 사람이 채소 판매대에서 무엇을 샀고, 생선 판매대에서 무엇을 샀는가를 컴퓨터가 기록한다. 기업은 이 데이터를 참고하여 조금이라도 판매량이 늘 수 있도록 상품 전시를 바꾼다.

농산물도 상품마다 생산자 정보를 IC칩 형태로 부착하면 누가 키운 채소인지를 알 수 있고 어느 배송소를 언제 통과하여 언제 도착한 것인지, 언제 냉장고에 넣었고 유통기한이 언제인지도 추적할 수 있다. 먹어야 할 시기를 채소가 냉장고에 보고하고, 냉장고가 다시 요리를 하는 엄마나 아빠에게 그 사실을 알려주며, 냉장고가 조리법과 연동되는 것도 가능해질 것이다. 거기까지 서비스가 진화되었는지는 잘 모르겠지만 기술적으로는 가능하다.

나는 도쿄대학의 새로운 도서관 계획에 관여하고 있는데, 예를 들면 모든 책에 마이크로칩을 내장하면 빌리고 싶은 책이 어디에 있는지를 스마트폰으로 찾을 수도 있고, 도서관도 언제 누가 빌렸는지를 알 수 있다. 인간이 컴퓨터에 둘러싸이고 사물 자체에도 컴퓨터가 내장된다. 이렇게 인간의 기본적인 생활 세계가 점점 네트워크화되어간다.

컴퓨터의 최대 강점은 알고리즘이다. 이를 이용하여 자동으로 추론할 수 있다. 예를 들어 아마존에서 책을 사면 살수록 당신이 흥미를 가지는 책, 분야, 취미 등의 정보가 아마존 서버에 축적된다. 또 비슷한 활동을 하는 사람들과의 크로스체크와 매칭을 통해 "이 상품은 어떻습니까?"라는 추천 메일을 보낸다. 여기서는 컴퓨터가 인간에게 길을 보여주고 인간은 그것에 의거하여 살아간다. 그럼으로써 오히려 인간이 삶의 형태를 컴퓨터에 맞추게 되고 알고리즘화되는 것이다.

구글화되는 세계

이 원리로 세계를 제패한 대표적인 기업이 구글이다. 구글의 사명은 "전 세계의 정보를 조직하여 보편적으로 접근하고 사용할 수 있게 하는 것(Google's mission: to organize the world's information and make it universally accessible and useful)"인데, 그들은 바로 알고리즘으로 인간의 삶을 조직하고 있다. 세계의 정보를 조직화하여 검색과 추천을 가능하게 함으로써 인간 생활과 정보 테크놀로지가 순환하는 거대한 플랫폼을 형성하는 것이다.

모든 것에 마이크로칩이 내장되면 모든 것이 정보를 가지게 된다. 인간은 이러한 상황에서 정보의 귀속과 소유를 둘러싼 다양한 문제에 부닥치지 않을 수 없다.

지적 소유권의 문제가 그것이다. 어떤 정보는 그에 대한 권리를 가진 사람만 접근할 수 있거나 그것을 사용하기 위해 어떤 수속을 거쳐야 한다. 모든 것이 컴퓨터로 리스트업되면 각각에 대해 권리가 발생한다. 그러자 해독된 유전자에까지 소유권이 생겼다. 지적 소유권이 산업 활동의 중심에 놓이게 된 것이다. 더 근본적으로 말하면, 정보 원리에 기초하여 세계가 조직되면서 정보는 누구의 것인가 하는 문제가 부각되었다.

신은 나뭇잎에 소유권을 설정하지 않았지만, 만약 나무 종(種)의 유전자를 해독한 사람(정보화한 사람)에게 그 나무의 소유권이 설정된다면 어떻게 되겠는가. 지금은 모든 사물에 소유권이 설정되어 있기 때문에 지적 소유권이라는 것은 대단히 큰 경제적(경쟁적) 이해(利害)와 관련된다.

정보를 읽고 정리하는 활동(지식)이 대단히 중요한 산업 혁신의 방향이 된다. 그렇기 때문에 생명과학과 같은 분야가 주목을 받는 것인데, 지금까지 정보화되지 않았던 생명이라는 것이 정보의 반열에 오르게 되고, 그 배열을 바꿈으로써 다른 생명을 만들고 있다. 이처럼 정보화에 의해 발생한, 과학 기술과 산업의 관계가 블루오션으로서 대단히 큰 주목을 받고 있다.

정보에 기초하여 세계가 조직되면 정보가 자본주의의 더욱 중요한 이해(利害)가 된다. 이를 정보자본주의라 부르는데, 어떤 경제학자는 이를 '인지자본주의'라 부르기도 한다.

구글의 언어자본주의

구글이 자선사업으로 정보를 정리해주면 좋겠지만, 실은 그렇지 않다. 앞에서 인용한 사명에는 그렇게 적혀 있지 않지만 구글은 영리기업이기 때문에 당연히 수익을 추구한다.

그들은 정보를 정리하고 이것을 경쟁에 붙인다. 페이지랭크라는 장치가 그것이다[그림 4-9]. 검색어를 입력하는 비율(rate)을 계산하여 자기 사이트로 유도하는 광고를 기업들에 파는 것이다. 이 광고 수입으로 구글의 경제 활동이 성립한다.

구글의 창업자인 래리 페이지(Lawrence E. Page, 1973~)와 세르게이 브린(Sergey Brin, 1973~)은 스탠퍼드대학 도서관 프로젝트에 참여하여 백링크를 분석하는 검색 엔진(BackRub, 구글의 원형)을 개발했다.

요즘은 학자의 능력마저 경쟁에 붙이고 있는데, 대우라는 둥 보수라는 둥 하는 어처구니 없는 말이 종종 귀에 들린다. 인용지수(Impact Factor)는 그 학자의 논문이 누구에게 어느 정도의 빈도로 인용되었는가를 나타내는 지표인데, 이것을 근거로 학자와 소속 대학의 업적을 평가한다.

구글의 애드워즈(AdWords)라는 서비스도 이와 똑같은 원리

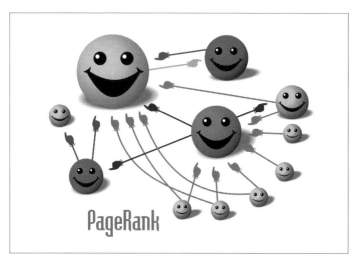

그림 4-9 구글의 페이지랭크. 참조된 페이지의 중요도가 높아지는 구조를 설명한 그림.

를 사용하여 검색어를 랭크에 붙인다. 거기서는 당연히 많은 사람들이 인용·참조하는 말을 포함하는 페이지가 상위에 위치한다. 따라서 그런 말로 광고를 내는 사이트는 효과(impact)가 더 크기 때문에 더 높은 광고료를 지불해야 한다. 그 요금은 항상 변동한다.

　TV와 달리 인터넷의 경우에는 PC 앞에 가만히 앉아 있어서는 정보를 얻을 수 없기 때문에 각자가 검색해야 한다. 애드워즈에서 광고주는 검색어의 변동 가격에 따라 광고료를 지불한다. 현재 야후를 비롯한 모든 검색 사이트는 구글의 검색 엔진을 차용하고 있는데, 대부분의 사람들은 검색 결과 가운데 3페이지 정도밖에 보지 않는다. 4페이지 이상을 보는 사람은 전체의 10퍼센트 이하라고 한다. 3페이지 안에 자기 회사 사이트가 올라가지 않으면 이용자를 유도할 가능성은 극히 낮아진다. 그렇기 때문에 기업에게는 1~3페이지의 어딘가에 자기 회사가 나오는 것이 중요하다. 검색에 포착되는 페이지에 사이트를 노출하기 위해서 당연히 빈도가 높은 검색어를 사용하려고 할 것이다. 그러면 경쟁 원리가 작동하여 그 검색어가 3페이지 이내에 등장하는 빈도가 점점 높아질 것이다. 이에 따라 인터넷에서 생활하는 사람들은 서서히 검색 빈도가 높은 말을 많이 포함한 언어생활을 하게 되리라 생각된다.

언어의 변동 시세

검색어에 순위가 매겨지고, 그에 따라 광고료가 달라진다. 여기서는 검색어라는 언어가 판매되는 것이다. 검색어가 상품가치를 지니고, 또한 그 '언어'에 광고가치라는 지적 소유권 비슷한 것이 설정된다. 게다가 그 가치는 주가처럼 매일 변동한다. 예를 들면 '정신'이라는 말과 그에 연관된 말을 사용하면 그 말의 상품가치는 오늘은 5,000원이었으나 내일은 7,000원이 되는 등, 변동 시세에 따라 언어의 가치가 오르내리게 된다.

이러한 말의 가치 변동 메커니즘과 3장에서 설명한 광고시장이라는 '의식의 메타 시장'이 연동된다. 이것은 구글의 '언어 자본주의(linguistic capitalism)'라고 하여 최근에 특히 문제가 되었다. 한때는 생물의 게놈 해독을 둘러싸고 지적 소유권 문제가 활발히 논의되었는데, 지금은 언어에도 소유권이 설정되고 있는 것이다. 구글 사용자는 높은 랭크에 위치한 언어, 즉 인터넷에서 자주 사용되는 언어에 무의식적으로 이끌려 결국 그런 말로 자신의 정신생활을 영위하게 된다. 어느 정도 긴 안목에서 보면 사람들이 사용하는 언어가 변질되는 것이다.

우리들은 하루에 어느 정도 검색을 하고 각 검색어를 통해 몇 페이지를 읽는지 하나하나 기억하지 못한다. 그러나 사실 우리들은 방대한 양의 페이지를 읽고 있으며, 이에 따라 언어를 사용해서 생활한다. 검색을 통해 자신의 정신을 만들고 있다고 해도 과언이 아닌데, 이것은 앞에서 말했던 구글의 언어 자본주의와 연동된다. 또한 앞에서 현대인은 '검색인간화'되고 있다고 했다. 그러니까 검색하는 것에 따라 자신의 정체성이 생겨난다. 검색하고 있을 때 마치 자신이 주도권을 쥐고 있는 듯 생각하나, 실은 그렇지 않고 검색어에 기초하여 자신을 개인화하고 있을 뿐이다.

구글의 랭크에 의해 재편되는 '언어'를, 잉글리시라는 말을 본떠 구글리시(Googlish)라고 조롱하기도 한다. 앵글로색슨이 설정한 언어가 기본이 되었기 때문에 인터넷에서 사용되는 언

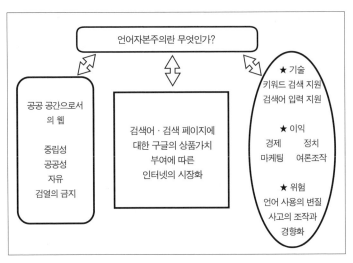

그림 4-10 **구글의 언어자본주의**

어는 영어이거나 혹은 원래는 영어였던 언어일 가능성이 대단
히 높다. 일본어는 물론 프랑스어, 독일어 등 다른 언어로 된 검
색어는 구석에 내몰려 경제적인 가치가 낮은 언어로 취급된다.

정신생활의 기초가 되는 언어가 정보의 흐름과 결부되어 글
로벌 기업의 자금 흐름과 연동된다. 지금 세계는 그런 상황인
것이다[그림 4-10].

많은 사람들이 자주 사용하는 말과 그 조합, 혹은 영상 조
합의 랭크가 올라가면 그것들의 경제적 가치도 올라가, 말이
나 이미지가 가치를 갖게 된다. 결국 정보를 통해 경제적 가치
의 변동 시세와 문화 활동이 직접 링크되는 것이다. 언어 사용

이 그대로 언어의 경제적 가치를 결정하는 언어자본주의 시대가 된 것이다. 그에 따라 애드워즈처럼 말과 관련된 지적 소유권이 설정되는 데까지 이르렀다.

지금까지 문화, 언어, 지식 등은 산업 경제와 직접적인 접점이 없었으나, 이제는 모두 돈의 문제와 연결되어버렸다.

알고리즘형 통치

이것은 조지 오웰의 『1984년』에 나오는 빅브라더(big brother)[5]와는 조금 다른 형태의 지배이다. 빅브라더는 국민을 항상 감시했다.

디지털 미디어의 경우에는 그런 인칭적인 관리자가 존재하는 것이 아니라, 단지 데이터가 변동되고 유통되는 만큼 사람들의 행동이 원리적으로 컨트롤된다. 누구도 감시하지 않지만, 결과적으로 모든 사람들이 감시받고 행동이 추적되며, 또한 집단적으로 규율화된다. 구글은 개개인의 메일을 열어서 내용을 보지는 않지만, 거기에는 전체적으로 규율하는 회로가 작동한다.

이러한 상태를 철학자 질 들뢰즈(Gilles Deleuze, 1925~1995)의 용어로 '통제 사회(control society)'라 부르기도 한다. 정보의

---

5 소설에 나오는, 전체주의 국가에 군림하는 독재자.

흐름에 의해 알게 모르게 자동으로 규율되는 사회 말이다. 어느 프랑스 대학에 "통제 사회보다는 카오스가 낫다."라는 낙서가 쓰여 있었다고 한다. 정보화 사회라는 숨 막히는 세계가 밧줄로 목을 조이듯 우리를 점점 포위하고 있다. 이러한 상태를 알고리즘형 통치라고도 부른다. 빅 브라더의 지배는 아니지만 인공지능 프로그램으로 규율되어 사람들의 행동은 모든 정보가 추적되고 방향이 정해지는, 원리적으로는 자유가 존재하지 않는 사회이다.

디지털 시대의 소비

디지털 혁명 후에는 욕망이 형성되는 방식도 변했다. 아날로그 혁명이 초래한 문화산업의 시대에, 포디즘과 할리우드의 결합은 T형 포드를 소유하는 평균적인 중산계급 가정이라는 아메리칸 드림을 대중에게 선사했다. 거기서는 생산과 소비가 순환하고 또 노동의 시간과 여가의 시간도 순환한다. 아도르노가 말했듯이, 라디오 등으로 커뮤니케이션이 민주화되었지만 사람들은 수동적인 수용자의 입장에 놓이게 되었다.

그러나 디지털 시대의 소비는 그것과는 완전히 다른 모델이다. 인터넷은 사람들이 자신의 단말기를 가지고 그에 접속해야만 비로소 커뮤니케이션의 장에 진입할 수 있는 상호작용적

(interactive) 시스템이다. 클릭이든, 음성입력이든 어떤 행동을 취하지 않으면 커뮤니케이션에 진입할 수 없다.

또한 클릭하면 당신의 족적(log)이 서버에 남는다. 당신의 검색 이력이 서버에 축적되기 때문에 기업은 "당신은 이전에 이런 것을 샀기 때문에 이것도 필요할 것이다."라는 마케팅을 할 수 있게 된다. 아마존 사이트의 추천처럼, 치쿠마의 책을 샀으니 비슷한 교양서를 판매하는 이와나미 출판사의 책도 살지 모른다, 몇 살이니까 이것에 흥미가 있을 것이라는 식으로 꼭 집어서(pinpoint)[6] 광고를 할 수 있다.

야후에도 그런 기능이 있다. 똑같이 야후를 보고 있어도 개개인에게 맞추어 개인화된 광고가 등장한다. 검색 이력을 추적하여 한 사람 한 사람의 소비 경향을 읽고 세분화한, 고객에게 딱 맞는 광고를 하게 되었다.

알고리즘형 소비

인터넷을 통해 당신의 이력이 특정 기업 사이트에 축적될수록 고객으로서의 당신의 프로필은 명확해져 일종의 아바타가 그

---

6 핀포인트 마케팅이라고도 한다. 개인의 성향에 맞춘 개별화된 마케팅 방식으로, 컴퓨터에서 한 번 클릭한 광고가 지속적으로 노출된다든지, 스마트폰에서 한 번 클릭한 광고가 며칠 후에 다시 보인다든지 하는 기법이 이런 방식의 마케팅이다.

사이트에서 자라난다. 그러면 당신의 프로필이 마치 유전자처럼 해독되고 구매행동이 알고리즘화되어 당신의 소비를 안내하게 된다.

기업 사이트는 당신을 세심하게 관리하는 서비스를 제공하기 위해 매주 안내 메일을 보낸다. 예를 들면 온라인 쇼핑몰에 등록하여 쇼핑을 하면 당신의 연령·성별·사이즈 등에서부터 시작하여 모든 이력이 등록되고 축적될 것이다. 따라서 기업은 고객에 대한 다양하고 유익한 정보를 추출할 수 있다. 예를 들어 유니클로라는 의류 회사라면, 세밀하게 범주화된 의류 상품을 세분화된 계절에 맞추어 시판하고 매주 인터넷을 통해 광고하는 식으로 고객의 수요에 세심하게 대응할 수 있다. 기능적으로 사용하고 버리는 싸구려 상품을 손쉽게 교체·구매하도록 계속적이고 개별적으로 관리할 수 있게 되는 것이다. 아날로그 시대의 소비처럼 고객이 가지고 있는 평균적인 상(像)보다는 고객 분포에 기초하여 상품을 마련하고 컴퓨터 알고리즘으로 소비를 관리하는 것이 중요해진다. 이를 알고리즘형 소비라 부를 수 있다.

인간을 미분하다

컴퓨터의 사상적 발명자라고 계속 언급해온 라이프니츠는 고

등학교 교과서에서도 뉴턴과 나란히 미적분학을 확립한 인물로 알려져 있다.

미분은 해석(analysis)이라고도 부르는데(엄밀하게 말하면 미적분학은 해석학의 일부), analysis는 그리스어로 복합적인 것을 단순한 요소로 풀어내는 것을 말한다. 라이프니츠가 발명한 컴퓨터는 미적분을 위한 장치이다.

컴퓨터를 원리로 하는 인터넷의 사회적 공과에 대해서는 다양한 이야기가 있지만, 특히 사회적인 클러스터(cluster)[7]화가 곧잘 지적되곤 한다. 같은 의견을 가진 사람들만의 그룹이 무수하게 형성되어 극단적인 주장을 가진 그룹(hate group)이 형성되기 쉽다는 것이다. 사회가 세분화·분극화해가는 경향이 문제가 되는 것이다. 라이프니츠의 미적분에 비추어보면, 이러한 경향은 인터넷이 사회를 미분하는 작용을 하기 때문이라고 생각된다.

통합된 인간 집단을 인터넷이라는 커뮤니케이션 공간이 분리하는 것에는, 0과 1로 나누는 미분의 원리가 작동한다. 예를 들면 당신이 인터넷으로 정보 행동을 하면서 하나하나 선택하면 컴퓨터 정보처리의 원리는 그것을 0과 1로 나눈다. 남녀로 나누고, 나아가 나이든 여자와 젊은 여자로 나누는 것처럼, 당

---

7 하드디스크에 파일을 저장하는 단위.

신이라는 인간은 복합적인 정보 다발이지만 그것은 0과 1이라는 수열로 점점 환원된다.

컴퓨터는 그러한 미분에 의해 처리하지만, 인간은 자신이 미분되고 있는 것을 거의 깨달을 수 없다. 컴퓨터는 알고리즘을 이용해 자동으로 나누는 작용을 한다. 예를 들면 우선 "A와 B 중에 어떤 생각을 선택하겠습니까?"라는 질문에 A를 선택하면, 이번에는 "C와 D 중에 어느 쪽이 좋습니까?"라는 질문에 맞닥뜨린다. 그처럼 몇 개의 질문을 헤쳐나가다 보면 당신은 인터넷의 정보 공간 속에서 저절로 분해되어 간다.

그러한 인터넷의 분리공간을 이해하기 위해 '니찬네루(2Ch)'[8]라는 거대 사이트를 생각해보기로 하자.

니찬네루에는 다양한 주제를 둘러싸고 무수한 범주의 스레드[9]가 병렬되어 있다. 사람들의 의견·취미 등에 기초하여 미분해가면 다양한 스레드를 만들 수 있는데, 인터넷 이용자는 자신의 관심·기호에 따라 여러 스레드를 방문하게 된다.

되풀이하지만, 인터넷 공간에서는 자신을 어딘가에 기입하여(login) 그 속에 진입하지 않으면 커뮤니케이션이 불가능하기 때문에 읽거나 쓰기 위해서는 그 커뮤니케이션의 어딘가에

8　2ちゃんねる. 1999년 서비스를 시작한 일본의 익명 커뮤니티 사이트이다.
9　thread. 프로그램 내부에 존재하는 수행경로이다.

위치해야 한다.

그러한 커뮤니케이션 행동이 컴퓨터의 미분 원리로 정렬되어, 당신은 의견·취미가 맞는 사람들 쪽으로 분배되고 당신에게 가까운 괄호 속으로 보내진다. 컴퓨터 메커니즘 자체는 가치에 관여하지거나 의도를 가지지 않지만, 그런 식으로 사람들의 특징과 가치관이 나뉘고 공통 특징에 기초한 집단으로 분류됨으로써 인간은 클러스터화된다. 미분 원리가 작동하고 있는 커뮤니케이션 공간에서는 공통의 취미·의견을 가진 사람만 만나는 경향이 생긴다. 거기서는 결코 특징이 완전히 일치하지 않는 상대방을 만날 기회는 거의 없다.

예를 들면 프랑스에서는 우익끼리만 만나자든가, 좌익들만 만나자는 식으로 편을 나누도록 설정된 채팅 사이트의 사례도 보고되었다. 인터넷을 통한 커뮤니케이션에서는 정체성이나 주장, 취미를 달리하는 타자에 대한 비관용이 확대되거나 극단적인 생각하에 그룹이 과열되거나 하는 경향이 있다. 이를 인터넷의 '메아리방 효과(echo chamber effect)'라고 부른다. 이는 라이프니츠 식으로 말하면 인터넷이 인간을 미분한 효과라 할 수 있다.

적어도 그러한 원리로 인간 의식이 만들어진다는 것을 우리들은 알고 있어야 하고, 그것을 상대화하는 회로를 사회에 만들어 나가야 한다. 그것은 다음 장부터 이야기할 '정신의 생태학(ecology)'과 관련된 문제인데, 미리 말하면 역시 라이프니츠에 근거하여 우리가 인터넷을 미분만이 아니라 적분도 작용하는 장으로 어떻게 활용하는가, 디지털 미디어의 시대를 살아가는 정보 환경을 어떻게 종합적(적분적) 플랫폼으로 만들어가는가가 중요한 문제이다.

5장

주의력의 경제와 정신의 생태학

20세기에 인간 생활을 다시 썼던 미디어는 문명에 큰 전환을 초래했다. 나는 기본적으로 미디어란 바로 테크놀로지 문자의 문제라고 생각한다. 문자를 읽고 쓰는 기술을 기계가 담당하는 것이 테크놀로지 문자이다. 기계는 산업화를 가능하게 했고, 미디어 테크놀로지를 기반으로 한 산업이 현재의 인간 문명, 그리고 정신생활에 큰 영향을 미치고 있다. 이러한 현상에 대해 생각하는 것은 곧 미디어의 생태학 문제를 생각하는 것이기도 하다.

　산업에서는 자원을 사용하여 물건을 만든다. 그러면 미디어라는 산업은 도대체 무엇을 원료로 무엇을 만드는 것일까. 20세기 산업사회는 자연 파괴와 자원 고갈, 공해 등의 환경문제를 경험해왔다. 마찬가지로 미디어 산업에서도 인간 정신의 환경문제가 발생한다. 이것을 의미·의식의 생태학 문제, 정신의 생태학 문제라 부를 수 있다. 이 장에서는 이러한 생태학 문제에 대해 생각해보기로 하자.

주의력의 경제

1978년에 노벨경제학상을 수상한 허버트 알렉산더 사이먼(Herbert Alexander Simon, 1916~2001)은 인공지능, 인지과학의 개척자이다. 그는 '주의력의 경제(attention economy)'라는 중요한 개념을 제기하며 다음과 같이 말했다.

정보가 넘쳐나는 세계에서 정보의 풍부함은 다른 어떤 것의 결여를 의미한다. 정보는 수용자의 주의력을 소비한다. 수용자의 주의력에 작용함으로써 정보는 가치를 지닌다. 정보 공급자에게 수용자의 주의력은 빼앗아야 할 자원이다. 그들은 그러한 수용자의 주의력을 향해 경쟁적으로 정보를 발신한다.

정보가 범람하면 정보 가치를 발생시키는 무언가가 희소해진다. 그 희소자원이란 정보 수용자의 주의력, 의식, 시간이다. 흔히 "의식은 시간의 함수다."라고 말하곤 한다. 시간에 비례하여 의식이 성립한다는 의미이다. 아무리 자지 않고 일해도 인간은 하루 24시간밖에 가질 수 없다. 미디어는 그 시간에 대해 작용하기 때문에 자연스럽게 주의력의 쟁탈전이 일어난다.

조금이라도 시청률을 올리기 위해 TV는 우리의 주의력을 환기한다. 주의력이 의식의 입구이기 때문이다. 하이퍼텍스트를 프로토콜(protocol)[1]로 하는 디지털 미디어의 커뮤니케이션이 크게 발달함으로써 인간 주의력을 둘러싼 경쟁이 폭발적으로 격화되었다. 인터넷 덕분에 우리들의 미디어 생활은 점점 멀티태스크가 되고 있다. PC 화면은 하이퍼링크(hyperlink)[2]되어 있기 때문에 여러 곳에 링크가 걸려 있다. 그들 링크는 "지금 읽고 있는 페이지에서 우리 페이지로 오세요."라며 우리들을 부른다.

TV라면 채널을 바꾸는 선택지밖에 없지만, 인터넷에서는 PC로 문서를 만들면서 메일에 답하고 야후에서 뉴스를 보고, 거기에 링크된 유튜브를 보며, 아마존에 책 주문을 한다는 식으로 한 번에 여러 가지 다른 작업을 멀티태스크로 하는 것이 일반화되어, 사람들의 주의력은 더욱 분산·단편화된다. 주의력은 점점 격렬하게 쟁탈해야 하는 희소자원이 되는 것이다. 인터넷에 접속하고 있는 우리들을 둘러싼 모든 곳에서 주의를

---

1 컴퓨터끼리 혹은 정보통신 기기 사이 등에서 정보교환을 원활하게 하기 위하여 정한 여러 가지 통신규칙과 방법에 대한 약속을 의미한다.
2 인터넷 웹상에서 다른 사이트와 연결해주는 요소이다.

끌기 위한 경쟁이 격화되고 있다.

예를 들면 시선추적기(eyetracker)란 시선의 움직임을 기록하고 분석하기 위한 장치인데, 이것으로 시선의 움직임을 분석하여 웹사이트에 걸린 광고료를 결정한다. 실제로 야후, 구글 등의 검색 포털에서도 화면의 어느 부분이냐에 따라 광고료가 다르다. 예를 들면 화면의 왼쪽 위는 모두가 눈길을 주는 곳이기에 광고료가 높고, 오른쪽 아래는 그다지 눈길이 가지 않기 때문에 광고료가 싸다. 인간의 주의력에는 법칙성이 있기 때문에 이에 따라 광고료도 달라진다.

주의력을 환기하는 테크놀로지는 우리들의 일상적인 정보 생활 곳곳에 장치되어 있다. "나를 봐주세요."라며 사람들의 주의를 끄는 것 자체가 광고의 메시지이다. 일어나서 무언가에 주의를 기울이는 시간을 둘러싼 경쟁 자체가 산업 원리가 되고 있다.

과잉 주의 상태의 뇌

우리들은 PC나 스마트폰을 보고 있을 때 화면을 스쳐가는 다양한 정보에 주의를 기울인다. 그런 멀티태스크적 주의에 익숙해지면서 한 가지에 집중하여 지긋이 씨름하는 정신의 움직임이 성립하기 힘들어졌다. 특히 아이들에게 이것은 대단히 심각한 위험 요소가 된다. 과잉 주의(hyper-attention)라는 주의력 부족 상태에 빠지기 때문이다.

실제로 우리들이 PC나 스마트폰에서 작업을 하고 있는 도중에도 메일이 도착하고, 다양한 뉴스가 팝업창으로 뜬다. 그처럼 사람들의 시간에 점점 정보가 침투해 들어온다.

내 이론으로 보면 주의나 의미는 기호로 만들어지는데, 그 기호는 뇌의 신경 활동에 기반하고 있다. 뇌가 다양한 자극 신호를 받아들임으로써 기호가 작동하며 의식이 생기는 것이다. 예를 들면 동영상을 볼 때 동영상을 보고 있는 의식이 생긴다. 눈을 감아버리면 이야기는 달라지지만, 한 순간이라도 동영상을 보면 운동을 보고 있는 의식이 생긴다. 혹은 음악을 들으면 음악을 듣고 있는 의식이 생긴다. 이것을 막을 수는 없다. 이러한 '보고 있다', '듣고 있다'라는 것이야말로 20세기 이후의 미디어 문제이다.

에드문트 후설(Edmund Husserl, 1859 ~ 1938)에 의하면 여기서는 의식의 수동적 종합이 일어나고 있다. 레코드나 영화처럼 그 자체가 시간성을 띠고 있는 대상(영상, 음악)을 그는 시간대상이라 불렀다. 그 시간대상을 보거나 들음으로써 시간대상의 흐름과 일치되어 의식이 수동적으로 생겨난다(종합된다). 능동적 종합('내가 의식한다'라고 하는 '나'의 의식이 성립하여 의식을 컨트롤하는 상태)의 전단계로서 수동적 종합이라는 단계가 존재한다. 보는 의식, 듣는 의식이, '나'라는 인칭을 가진 의식이 끼어 들기 이전에 생겨나는 것이다. 미디어는 그런 의식의 성립 메 커니즘에 기반하여 사람들에게 작용한다.

시간대상을 미디어로 하는 사회에서 우리들의 의식은 시시 각각 대량으로 생겨나고 있다.

반짝이는 문자

우타다 히카루의 데뷔곡 'Automatic'에 다음과 같은 가사가 있다. "It's automatic / 접속해보니 비치는 컴퓨터 스크린 속 / 반짝거리는 문자, 손을 대보니 / I feel so warm." 스크린 위의 문자는 다만 물리적으로 반짝이고 있지만, 사람들은 그 현상 (자극)을 받아들이고 뇌의 회로를 거쳐 사랑하는 사람의 온기에 대한 감각으로 전환한다. 이러한 작용은 모든 곳에서 작동하고 있는데, 요즘은 사람의 목소리를 샘플링하여 기계로 매트릭스 화하면 다양한 형태로 변형할 수도 있다. 사람이 아니라 기계 가 노래하는 하츠네 미쿠(HATSUNE MIKU)[3]와 같은 보컬로이드 (Vocaloid)[4]는 그 한 사례로서 지금은 히트곡 가운데 상당한 비

---

3 2007년 8월 발매한 야마하의 보컬 음성 합성 소프트웨어.
4 컴퓨터로 목소리를 합성시켜 녹음하는 프로그램.

중을 차지하기에 이르렀다.

　미디어가 주의력 경제를 추동하고 사람들의 생활은 점점 멀티태스크가 되어 더욱 분산되고 있다. 과잉 주의(초주의)라고 하면 엄청난 노력이 들 거라고 생각하는 사람도 있겠지만, 이것은 여기저기 주의력이 분산된 상태에 익숙해지는 것을 의미한다. 과잉 주의가 습관이 될 경우 인간에게 좋지 않은 영향을 미칠 우려가 있다. 실제로 우리들은 디지털 미디어에 너무 익숙해져서 틈만 있으면 스마트폰을 꺼내 메일이 오지 않았는지 새로운 뉴스가 없는지 확인하지 않으면 견딜 수 없는 강박관념에 사로잡혀 있다. 그것이야말로 이미 중독(addiction)인 것이다.

　그렇다면 이제는 디지털 미디어에 범람하는 정보 흐름을 각자가 스스로 컨트롤해 나가는 것이 중요할 것이다. 이런 상황에서 우리들은 다시 한번 의식의 자유를 되찾아야 한다.

인간 정보처리능력의 한계

유아가 언어를 배우는 것이 그러하듯이, 인간 정신 활동의 상당 부분은 후천적으로 형성된다. 이것은 뇌에서 뉴런이 조직화되는 시냅스 형성 과정이다. 흔히 뇌의 가소성(可塑性)이라고 말하는데, 예를 들어 보는 활동을 전문으로 하는 사람의 경우, 그에 따라 뇌가 보는 활동을 지원하는 구조를 가지게 된다. 피아

노를 연주하는 연주자의 뇌도 그와 관련된 부분이 발달한다. 문자를 읽게 되기 위해서는 문자를 다루는 중추가 후천적으로 발달해야 한다. 결국 뇌가 그러한 시냅스를 형성하는 것이다. 만일 큰 상처를 입어 문자를 읽는 중추를 상실해도 뇌에는 가소성이 있기 때문에 훈련을 통해 다른 곳에 중추 기능을 이전하면 다시 글을 읽거나 들을 수 있게 된다고 한다. 물론 장애 정도에 따라 다르긴 하지만.

이처럼 뇌에는 적응력이 있지만, 뇌의 정보처리능력에는 생리적인 제약과 한계가 존재한다. 인간 정신 활동에서 기억량이나 정보처리 속도에는 한계가 있고 그것을 넘어서면 우리들의 뇌는 대응이 불가능하게 된다. 그러니까 의미를 읽고 듣고 볼 수 없게 되는 것이다. 우리들이 보거나 듣고 있는 미디어에는 바로 그러한 처리능력의 한계가 설정되어 있다. 이미 말했듯이 매초 30프레임인 동영상은 보이지 않기 때문에 보인다. 미디어는 그 점을 확실하게 알고 있으면서 인간의 주의력, 시간을 사로잡기 위해 다양한 자극을 내보내는 것이다. 지금은 미디어가 온종일 우리들에게 달라붙어 있다. 예를 들면 전철을 탄 사람 대부분이 스마트폰을 만지작거리고 있을 것이다. 우리들 생활 일반이 과잉 주의 상태에 놓여 있다.

의미의 생태학

여기서 문제 삼고 싶은 것이 의미와 의식의 생태학이다.

정보는 우리들이 다 파악할 수 없을 정도로 범람하고 또 나날이 축적되어 가는데, 이를 우리들 스스로 모두 파악하여 처리하는 것은 어렵다. 그러한 세계를 살아가는 우리들은 어떻게 하면 자신의 의식, 의미의 생활을 자율적으로 제어할 수 있는가, 그것을 어떻게 조정하면 좋은가. 이것이 내가 의미와 의식의 생태학이라 부르는 문제이다.

디지털 미디어 혁명을 재인식하여 인간이 다시 주도권을 쥘 가능성은 있기나 한가. 자유란 곧 스스로 잘 통제할 수 있음을 의미한다. 자신에게 가장 좋은 형태로 미디어와 관계를 맺는 것, 자유의지로 미디어를 사용하고 생활을 디자인하는 것, 그것이야말로 미디어 생활의 자유이다. 수동적인 상황에 놓여 있는 한, 미디어에 중독된 생활을 할 수밖에 없다. 그 때문에 미디어를 재인식하는 또 하나의 회로를 스스로 만들어야 하는 것이다.

인간 의식(정신 활동)은 유한 자원이기 때문에 그것을 안정적으로 확보할 수 있는 지속가능한 생활로 바꾸어야 한다. 지속가능한 정신생활이란 무엇인가를 확실히 파악한 후에 정보를 스스로 컨트롤하는 능력을 배양한다. 무엇이 적절한 정보인가를 스스로 판단하고 컨트롤할 수 있는 피드백 회로를 만든다.

각자가 그러한 장치를 가질 필요가 있다(여기서 다음 장에서 소개할 울리히 벡이 말하는 재귀성의 문제가 생긴다).

그렇지만 이것은 상당히 어려운 문제이다. 테크놀로지 문자(기계가 쓰는 문자)는 인간이 읽을 수 없기 때문에 인간의 의식을 만들어낸다. 그러면 인간이 읽을 수 없는 것을 어떻게 컨트롤할 수 있을까. 또 어떻게 하면 우리들이 그것을 읽을 수 있을까. 결국 이 지점에서 미디어를 통해 우리들의 의식을 컨트롤하고 있는 '통제 사회'를 우리 자신이 제어할 필요가 생기는 것이다.

인간은 의미하는 동물이고 다양한 기호 생활을 하는 동물이다. 미디어는 그러한 기호 생활의 환경을 만들고 있기 때문에, 의미의 생태학이라는 또 하나의 생태학 문제를 생각해야 하지 않나 하고 나는 10년 전부터 생각했다. 각자가 각각의 미디어 생태계를 만들고 자신의 환경을 디자인한다. 사람도 사회도 그러한 리터러시(literacy)를 자각적으로 육성해야 한다.

미디어의 마음이 되다

나는 항상 미디어를 생각할 때 우선 미디어의 마음이 되어볼 것을 권유한다. 이것은 일종의 역설적인 사고 훈련이다. 우리들이 인간의 마음으로 미디어를 이해하려고 하면 미디어의 본질을 이해하기가 상당히 어렵다. 예를 들어, 아날로그 미디어의 테크놀로지 문자 문제를 다룬 2장에서 거론한 카메라의 마음이 그것이다. 인간의 마음으로 사진을 보는 한, 사진에 찍힌 추억의 광경만을 생각하기 쉽고, "그때 당신은 그 광경을 보지 않았다."라는 카메라의 마음은 알기 어렵다. 그리하여 아날로그 미디어의 기술적 무의식이라는 문제를 보지 못하게 된다.

전화를 통한 소통에서도 우리들은 통화 상대와 이야기하고 있다고 생각하지만, 전화의 마음이 되면 실은 수화기에게 말을 하고 수화기로부터 이야기를 듣고 있는 것이다. 나아가 휴대전화나 모바일 미디어라는 것은 전화의 자기해방이나 다름없다. 종래의 다양한 제약에서 해방된 결과, 전화는 사람에게 밀착될 수 있었고 모든 현장에서 사람과 같이 있을 수 있게 되었다. 이때 전화는 한 사람 한 사람과 마찬가지인 존재에 가까워진다. 이용자인 인간의 마음이 아니라 전화의 마음이 되어야 전화의 '이상화(理想化)'라는 사태의 의미를 확실히 파악할 수 있다.

미디어의 마음이 되는 것은 미디어 테크놀로지를 의식하지 않고 생활하는 현대인이 자신들의 '기술적 무의식'을 의식의 수준으로 끌어올릴 수 있게 하는, 어렵게 말하면, 미디어를 이화(異化)하는 사고 훈련인 것이다.

미디어 리터러시의 과제

이를 생태학의 문제로 끌어오면 미디어가 만드는 '의미의 생태계'가 보인다. 또한 각각 다른 생태계를 가진 사람을 고찰·분석함으로써 개개인이 놓여 있는 상황을 어느 정도 이해할 수 있게 된다. 우리들은 매일 TV, PC, 스마트폰 등으로부터 다양한 콘텐츠를 받아들이고 있다.

비유를 하자면 시판되고 있는 식품에는 원재료가 명기되어 있지만 미디어 콘텐츠에는 원재료(성분)가 명기되어 있지 않기 때문에 우리들은 그저 그것을 받아들일 수밖에 없다. 여기서 원재료가 적혀 있지 않는 것은 미디어를 분석하기 위한 앎이 부족하기 때문이다. 미디어에 대한 앎을 제공하는 것이 기호론이라는 학문의 역할인데, 개개의 콘텐츠에 성분을 명기하고 그것을 사람들에게 고지해야 하는 것이 정상이지만 현실적으로는 아직 거기에까지 이르지 못하고 있다.

우리들은 미디어 콘텐츠를 구성하는 다양한 성분을 더욱 의식하고, 그것이 미치는 영향을 다각도로 살펴보아야 한다. 사회에는 그러한 앎이 매우 결여되어 있다. 그러나 지금까지 강조해왔듯이, 이것은 인간의 삶과 죽음에 관련된 중요한 문제이다. 우선 그러한 상황을 인식하고 이해한 후에 스스로 환경을 디자인하고 조합할 수 있는 판단력을 키워야 할 것이다.

구체적으로 어떠한 수단이 있는가. 이에 관해서 나는 통상적으로 이야기되는 미디어 리터러시 교육을 추진하자는 주장과는 조금 다른 입장을 취하고 있다. 미디어 리터러시 교육을 주장하는 사람들은 적절한 교육을 제공하여 미디어를 활용할 수 있는 지식을 갖추기만 하면 인간 친화적인 미디어 생태계를 만들 수 있다고 생각하는 경향이 있는 듯하다. 또한 사람들의 생활을 모두 함께 고민하여 자각적으로 디자인하고 설계하면 상황을 변화시킬 수 있다고 생각한다. 그러니까 이것은 사회적인 실천으로 대응하고자 하는 사고법이다.

이에 대해서는 물론 나도 대체로 찬성이고 그것이 대단히 중요한 실천이라는 점은 매우 긍정하지만, 그것만으로는 부족한 부분이 있다고 생각한다.

테크놀로지 문자와 기술적 무의식의 문제를 해결하지 않는 한 상황은 변하지 않는다고 생각하기 때문이다. 아무리 많은 지식을 갖고 있다고 해도, 일단 동영상을 보면 보고 있다는 의식이 생기는 메커니즘이 작동한다. 음성을 들으면 듣고 있다는 의식이 생겨난다. 이러한 사실은 테크놀로지 문자를 사람들이 읽지 못한다는 사실에서 발생하는 것이다. 우리들이 테크놀로지 문자를 읽을 수 없는 한 이러한 인지적 틈을 해소할 수는 없다. 인간이 아무리 훈련을 받아도 초당 24프레임으로 흐르는 영화를 한 프레임 한 프레임 볼 수 있게 되지는 않는다. 상대는 기계이고 훈련을 통해 그것을 읽으려는 것은, 오래된 불길한 비유[5]에 따르면 죽창으로 B29폭격기를 격추하려는 것과 같다.

테크놀로지 문제를 극복하기 위해서는 테크놀로지 문자를 쓰고 읽을 수 있는 장치를 만들어야 한다. 그 장치는 테크놀로지 문자를 사용한다. 테크놀로지를 사용하여 재인식을 피드백하는 회로를 만든다. 또 기분 나쁜 비유를 사용해서 죄송하지만, 높은 고도를 빠른 속도로 날아가는 B29를 쏘아 떨어뜨리기 위해서는 미사일이 필요한 것처럼, 우리가 테크놀로지 문자에 맞서기 위해서는 테크놀로지에 기반한 리터러시를 가질 필요가 있다.

테크놀로지 문자에 대한 비평은 가능한가

그러면 테크놀로지 문자를 읽을 수 있는 리터러시를 위한 회로는 어떻게 만들 수 있는가.

아날로그 미디어 시대에는 할리우드 영화나 TV 같은 문화 산업이 인간 의식을 대량생산했지만, 반대로 시청하는 대중은 콘텐츠를 포착하여 체크할 수 없었다. 사람들은 필름을 촬영하는 꿈의 공장을 가지고 있지 않았고, 그러한 과정에 관여할 수

---

5 2차 세계 대전 당시 일본과 미국의 무기 기술의 차이를 비유적으로 나타낸 말로서, 군국주의를 연상시키기 때문에 '불길한 비유'라고 말하고 있다.

도 없었다. 영화관에서 영화를 보는 것만으로는 어디서 컷 분할이 이루어지고 있는지를 명확하게 파악할 수 없었다. 아날로그 비디오테이프의 등장으로 비로소 되감거나 일시정지하면서 영화를 볼 수 있게 되었지만, 그것만으로는 그다지 상황을 바꿀 수 없었다.

그런데 지금은 아이폰과 같은 한 대의 스마트폰만으로도 옛날 할리우드 영화 촬영소나 TV 방송국에 필적하는 능력을 발휘할 수 있게 되었다. 또한 인간의 눈으로는 한 프레임씩 체크할 수 없지만, 컴퓨터를 사용하면 가능하다. 컴퓨터를 인식의 계기로 사용함으로써 이용자 측에서도 테크놀로지 문자를 해독하고 비평할 수 있는 가능성이 생긴 것이다.

비평은 원래 문자로 하는 것이다. 예를 들면 문예비평이라면 쓰인 문자(텍스트)에 메타 문자(주석 텍스트)를 가한다. 그러나 아날로그 미디어 시대에는 그러한 비평이 불가능했다. 그러나 지금은 영상 해석 소프트웨어를 장착한 컴퓨터에 TV 프로그램이나 영화 비디오를 넣으면 분할된 컷이 그 자리에서 추출되어 섬네일(thumbnail)[6]이 나온다.

예를 들면 일본의 경우 TV 광고 시간은 15초 단위로 판매되기 때문에 TV 광고의 단위는 15초×1이나 15초×2의 길이이

---

6 이미지 파일을 소형화한 것을 말하며, 인터넷에서는 작은 크기의 견본을 말한다.

다. 15초라면 컷 분할은 대체로 4나 5 정도이다. 그 정도는 조금만 훈련하면 어떤 사람이라도 컷 분할을 분석하면서 광고를 볼 수 있다. 이것은 일종의 미디어 리터러시 훈련이다. 15초는 작업 기억(Working Memory)의 범위 내에 있기 때문에 그러한 연구를 하고 있는 우리 연구실 학생들처럼 평소에 훈련하면, 광고를 몇 번 시청하는 것만으로 그것이 몇 컷이고 어떻게 연결된 구성이며 카메라워크(camera work)는 어떤 수법을 사용했는지에 대한 어느 정도의 비평은 테크놀로지를 사용하지 않아도 할 수 있게 된다.

영화나 TV 프로그램처럼 한 시간, 두 시간의 길이가 되면 사람의 힘만으로 컷 분할이나 편집, 영상 문법을 분석하는 것은 어려워지지만, 컴퓨터를 사용하면 그 자리에서 바로 추출된다.

그리하여 미디어가 의식을 만드는 과정을 거슬러 파악하는 회로를, 마찬가지로 미디어(컴퓨터)를 사용하여 만들어가는 방법이 가능해진다. 다시 말해 미디어를 인식하기 위한 미디어 리사이클 회로를 만들 수 있다.

문헌비판이나 문학비평처럼 문자에 의한 비평은 문자로 적힌 것을 문자로 비평하는 회로를 가지고 있다. 이 문제는 다음 장에서 다룰 미디어의 재귀성 문제와 관련되는데, 이를 통해 미디어를 성찰하는 인식 회로를 만드는, 테크놀로지 문자의 비평 가능성이 떠오른다.

니코비디오는 비평인가

테크놀로지 문자를 사용하는 디지털 미디어의 생태학이 문제이기 때문에, 오히려 컴퓨터를 사용해 인식의 계기를 거슬러 파악하는 회로를 만들어갈 필요가 있다. 그런 비평적인 테크놀로지의 활용법을 모두 공유해 나가야 할 것이다.

현재의 미디어 환경에서도 부분적으로는 그것이 이루어지고 있다. 예를 들면 TV 방송 프로그램의 몇몇 부분이 잘려서 유튜브나 니코비디오[7]에 비평적인 코멘트와 함께 게재되곤 한다.

코멘트의 대부분이 선동적이고 공격적이며, 내용이 너무 노골적이고 천박해서 우리들이 보면 상당히 수준이 낮은 코멘트가 영상과 함께 흐른다. 이것을 비평이라고 할 수 있을지 여러분도 의문일 것이다. 확실히 매도와 잡담, 감각적 반응에 가까워서 담론으로서의 비평의 요건을 충족하지 못한다. 그러나 나는 니코비디오가 동영상에 대한 실시간 비평의 출발점이라고 생각한다. "이 부분은 좋다."라는 식의 반응은 대단히 신속하고 예리하다. 그 자리에서 동영상에 주석을 붙인다는 의미에서 이것은 문서 텍스트에 주석을 붙이는 문예비평과 비슷한 실천이라는 측면을 가지고 있다. 그러니까 원텍스트를 대상으로 비평하는

---

7   유튜브와 비슷한 일본의 인터넷 사이트(http://www.nicovideo.jp). 유저들이 자유롭게 동영상을 올리고 코멘트를 달 수 있다.

언어를 메타언어라고 한다면 동영상이라는 미디어 텍스트를 비평하는 일종의 메타언어가 거기서 성립하고 있는 것이다.

이것은 주석을 붙인다는 미디어 재인식 활동의 출발점이다. 다만 그것이 비평담론이 되기 위해서는 지금처럼 이용자가 자기 마음대로 단 코멘트를 그대로 내보내는 것이 아니라 그것을 정리하고 다듬는 과정이 필요하다. 감상을 나누며 흥분하는 것만으로는 대상에 대한 정당한 평가를 내릴 수 없음은 문예비평이나 니코비디오나 마찬가지다.

눈에는 눈, 디지털에는 디지털

어떤 방법이건 미디어를 거슬러 파악하는 회로를 만드는 일을 하지 않으면 의식이 생겨나는 과정을 파악할 수 없다. 그러한 성찰적인 회로를 만들어야 지금까지 수용자에 머물렀던 것에서 벗어날 수 있다.

테크놀로지 문자에 대한 메타적인 회로를 만들면 비평이 가능해진다. 의식이 만들어지는 과정을 거슬러 파악할 수 있으면 저절로 가치에 대한 논의가 생겨난다. 그렇게 하면 미디어 문화는 한층 성숙될 것이다. 그러한 비평의 조건을 생각하는 것이 내가 연구실에서 씨름해온 '정보기호론' 연구의 목적이다. 라이프니츠로 돌아간다는 것은 컴퓨터라는 정보 기술의 성립을 인식의 계기로 재인식함을 의미한다. 이로써 지금까지와는 다른, 인간과 음성·이미지와의 관계를 만들 수 있다.

테크놀로지를 사용하여 미디어를 해독하는 회로의 한 사례로 우리 연구실은 'TV 분석 〈지혜의 나무〉'라는 시스템을 만들었다.

거기에는 우선 미디어 작품의 비평 문제가 존재한다. 문학 작품의 비평을 텍스트 비평이라 부른다면 영화, TV, 인터넷 동영상 등의 미디어 콘텐츠에 대한 비평은 미디어 텍스트 비평이라 할 수 있다.

예를 들면 영화평론이란 것은 장르로서 이미 확립되어 있지만, 내가 보기에 이것은 아직 인상비평에 머물러 있다. 왜 그런가 하면 어떤 영화를 보고 "저 장면은 좋았다." 정도를 이야기하는 데 불과해 보이기 때문이다. 물론 수많은 영화를 보고 예리한 감각으로 훌륭한 평론을 쓸 수 있는 재능을 가진 사람도 있고, 인상비평이어도 좋은 비평이 될 수도 있다. 문예비평의 고바야시 히데오(小林秀雄,1902~1983)나, 영화비평의 하쓰미 시게히코(蓮實重彦) 같은 거장이 있지만, 그 이전에 그러한 비평 활동의 기반인, 비평을 위한 테크놀로지의 회로를 만들 필요가 있다고 생각한다.

진정한 비평을 향해

내 연구실에서는 TV 프로그램 분석을 목표로 1990년대 말에 이러한 연구를 시작했다. 인간은 TV의 1초 30프레임을 파악할 수 없기 때문에 화면이 움직이는 것처럼 보인다. 그러나 그 무렵 이미 PC에 동영상을 집어넣는 것은 쉽게 할 수 있는 일이었다. 편집 소프트웨어를 거꾸로 이용하면 자동으로 컷 분할을 산출할 수 있었고, 그러한 소프트웨어도 당시에 개발되어 있었다.

우리들은 프랑스 퐁피두센터 IRI 연구소와 협력하여 'TV 분석 〈지혜의 나무〉'를 장착한 'Critical PLATEAU'라는, 동영상을 분석하는 비평 플랫폼을 만들었다[그림 5-1]. TV 프로그램이나 영상 비디오, 인터넷 동영상을 캡처하여 이 플랫폼에 얹으면 컷 분할이 섬네일과 함께 모두 산출된다. 그러니까 "이 컷은 1,440컷 가운데 400번째이다."라는 식으로 자동으로 나온다. 카메라 수, 화면전환의 타이밍, 등장인물의 수 등 기초적인 데이터가 자동으로 계산되기 때문에 "이 부분을 볼 때 이렇게 느끼는 것은 이러저러한 구성이기 때문이다."라는 것을 알게 되며, 동영상의·세그먼트(segment)에 주석을 붙이는 것도 가능하다. 이 플랫폼은 TV 프로그램의 제작방법을 보여주는 것이다. 여기에 분석을 위한 지식을 모은 이론사전을 모듈로 덧붙인다. 나아가 지식을 공유하기 위한 환경을 만들어 공동연구를 한다. 이 과정에서 비로소 미디어 텍스트 비평이 가능해진다.

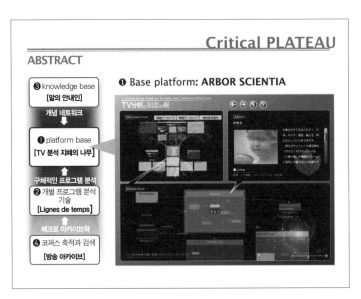

그림 5-1 비평 플랫폼 'TV 분석 〈지혜의 나무〉', Critical PLATEAU (이시다 연구실)

텍스트를 인용하며 "여기는 이렇게 적혀 있지요."라고 지적하지 않으면 진정한 의미에서의 문예비평이 성립하지 않는 것과 마찬가지로 "이 미디어 텍스트(TV 프로그램)는 이런 구성이지요. 이 부분은 이런 수사(修辭)를 사용하기에 이런 효과를 가지네요."라는 식으로 분석할 수 있는 템플릿이 필요하다. 그러한 원리로 TV, 광고 등을 분석할 수 있는 시스템을 만듦으로써 인간의 기술적 무의식을 이용하고 있는 미디어를 비평의 사정권 안에 넣을 수 있게 되었다. 이것은 곧 비행기를 쏘아 떨어뜨리는 미사일을 갖추는 것과 마찬가지이다. 여기서 동영상을 테

디지털 미디어의 이해

크놀로지에 의해 비평할 수 있는 가능성이 생긴다. 이것은 말하자면 의미의 생태학의 구체적 실천이다.

디지털 혁명으로 사람들은 손쉽게 비평 무기를 입수할 수 있게 되었다. 이것을 사용해야 한다. 쓰기 장치로, 나아가 우리들을 위한 앎의 도구로 컴퓨터를 사용해야 한다. 이에 따라 문화산업이 발신하는 콘텐츠에 비평의 필터를 설치할 수 있다. 그렇지 않으면 우리들은 문화산업의 산물을 맨몸으로 감당하는 무방비 상태에서 벗어날 수가 없다. 따라서 우선 기본적인 쓰기 기술을 몸에 익혀야 하는데, 이는 곧 테크놀로지 문자를 쓸 수 있게 됨을 의미한다.

콘텐츠 분석을 위한 비평 환경과 지식 기반을 만들고 그것을 미디어 리터러시의 실천과 연계해야 한다. 앞에서도 말했듯이 얼마 전까지 영화산업과 TV 방송국만이 가지고 있던 기능을 갖춘 스마트폰과 디지털 장치를 지금은 누구나 가지게 되었다. 그러한 도구를 사용하여 콘텐츠를 직접 만들고 나서 그것을 공유하는 실천은 어떠해야 하는가를 고민하는 것처럼, 만드는 것을 통해 미디어의 실천적인 리터러시를 육성하는 활동과 결합할 수 있을 것이다.

그렇기 때문에 우리들의 연구는 미디어 리터러시 운동에 회의적인 것이 아니라 그것을 보완하는 분석적인 부분을 담당하고자 하는 것이다.

일본의 디지털 아카이브

우리 손으로 미디어를 분석할 수 있는 환경을 직접 만들고, 지식도 차츰 갖추며, 우리 손으로 미디어 콘텐츠를 제작하고 공유하며 서로를 고양하는 실천도 조직할 수 있게 되면, 그다음에 생각해야 할 일은 무엇일까.

그것은 지금까지 어떠한 영화, 어떠한 TV 프로그램이 상영·방송되었는지를 알고 그 역사와 문화적 축적을 충분히 활용할 수 있도록 하는 것이다. 지금 사회에 유통되고 있는 신간서나 잡지만이 아니라 과거의 작품도 읽지 않으면 문학을 알기 어렵고, 좋은 작품을 창작할 수도 없는 것과 마찬가지다.

이때 지금까지의 저작을 모아 열람할 수 있도록 하는 도서관과 똑같은 역할을 하는 것이 시청각 아카이브이다. 기본적으로 디지털 기술을 기반으로 운영되기 때문에 그것은 디지털 아카이브라는 형태를 띤다.

음성, 영상에 관한 공공 아카이브를 가지고 있고, 또 자료에 대해 가장 개방적인 국가는 프랑스와 헝가리이다. 여러분은 납본 제도를 알고 있을 것이다. 일본에서는 모든 서적과 간행물이 국립국회도서관에 납본된다. 프랑스에서는 16세기, 프랑수아 1세 시대부터 국내에서 간행되는 모든 서적은 국립도서관(La Bibliothèque Nationale de France)에 납본되는 제도가 있었다. 처음에는 왕권에 의한 검열 제도로 시작되었고, 그 이후로 프랑스에서는 출판물이 공적 기관에 의해 보존되어 왔다. 그 제도가 영화나 레코드, TV, 라디오 프로그램과 같은 시청각 자료로까지 확대되어 민영 방송을 포함해 모두 국가 아카이브에 납입시키는 법이 일찍부터 시행되었다. 국립 시청각 자료원(INA)이라는 기관이 그것이다.

프랑스의 경우 특히 TV 방송국은 국영방송에서 시작되어 음성·영상 자료를 모으기가 쉬웠기 때문에 대단히 방대한 아카이브가 형성되어 학술적으로도 많은 공헌을 하고 있다. 한편 일본은 이 분야에서 대단히 뒤처져 있다. 지금은 NHK가 사이타마 현 가와구치 시에 NHK 아카이브를 만들고 있는데 NHK 프로그램만이 그 대상이고 그것도 저작권 처리에 시간이 걸리고 있다. 모든 것을 디지털화하여 공개하도록 되기까지는 천 년 이상이 걸릴 거라는 말까지 나온다.

미국에는 '공정 사용(fair use)'이라는 제도가 있어서 연구 목적이라면 모든 음성·영상 자료를 자유롭게 이용할 수 있다. 대학 내에서 하는 한, TV를 녹화하여 수업에서 모두가 공유하는 것이 가능하다. 그런데 일본의 법률은 그러한 공정 사용조차 인정하지 않는다. 그렇기 때문에 우리 연구실과 같이 분석 연구를 하는 것은 대단히 어렵다. NHK 프로그램을 연구하는 경우, 연구 기관과 협력 환경을 만들면 어느 정도 가능하지만 민영 방송은 아카이브 정리조차 되어 있지 않은 처참한 상황이다.

한편 지금 방송되고 있는 TV 프로그램은 마음대로 녹화해도 상관없는데, 채널 서버가 대단히 발달해서 2주 정도 분량의 프로그램을 통째로 녹화할 수 있다. 데이터를 모으는 것 자체는 매우 간단해서 우리 연구실에서는 한 달 치 정도 모든 방송국의 프로그램을 전부 녹화하여 각 프로그램에서 어느 날 몇 시에 무엇을 했는지를 검색할 수 있다. 그런 가운데 다양한 연구를 진행하고 있는 것이다.

물론 이러한 실험적인 연구에는 아직 여러 문제가 있다. 어디까지 자동화할 수 있는가 하는 문제가 대표적이다. 예를 들면 NHK 뉴스를 자동으로 읽거나 텔롭(telop)[8]을 모두 읽거나 하는 기술은 개발되어 있고 민간 연구소와 협력하여 그런 기술을 개발한 적도 있다.

비평공간을 구축한다

아카이브를 정비하는 것은 미디어 비평의 필수조건이고, 비평하는 사람의 환경 자체도 디지털화되어 간다.

옛날에는 심포지엄을 해도 단순히 발표를 듣고 있을 뿐이었다. 그러나 지금은 스트리밍과 트위터를 사용해 진행되는

---

8 텔레비전 방송에 사용되는 자막 카드의 투사용 기기를 말한다.

Polemic Tweet

그림 5-2 프랑스 퐁피두 센터 IRI 연구소 폴레믹 트위트

세션에 대해 다양한 반응을 적을 수 있게 되었다. 퐁피두 센터의 철학자 베르나르 스티글러(Bernard Stiegler, 1952~) 팀은 폴레믹 트위트(Polemic Tweet)라는 소프트웨어를 개발했다[그림 5-2]. 이것은 단지 쓰기만 하는 것이 아니라 각각의 발언에 찬성, 반대 등의 의견을 표현할 수 있다. 쓰기에 집중하면 강연을 듣는 주의력이 분산되기 때문에 장단점이 있지만, 강연이나 심포지엄이 진행되는 것과 동시에 쓰기가 가능하다는 장점은 있다.

이전에 니코비디오에서 중계한 〈미디어믹스의 역사와 미래〉라는 심포지엄에서 실험적으로 폴레믹 트위트를 가동한 적이 있다(2014년 3월 11일). 폴레믹 트위트는 기술적으로는 니코비디오와 똑같다. 앞에서 말한 대로, 나는 니코비디오가 일종의 비평의 출발점이라고 생각한다. 적힌 내용을 차치하면 반응은 신속하고 흥미롭다. 또한 이것은 주석을 붙이는 활동의 시작이기 때문에 앞서 말한 비평을 위한 플랫폼 가운데 하나이다. 다만 지금처럼 이용자 마음대로 쓴 것을 그대로 내보내는 것이 아니라 어느 정도 선별, 억제할 필요가 있다.

풍피두 센터가 만든 폴레믹 트위트는 니코비디오보다 다소 진지한 시스템으로 그때그때의 주석을 나중에 되돌아볼 수 있다. 비평을 디지털 기반으로 끌어올려 다양한 메타데이터를 붙여간다. 동영상에 주석을 붙이는(메타데이터를 붙이는) 활동은 앞으로 비평의 기본이 될 것이라 생각한다. 이것은 이제 시작 단계라 비평 담론 자체가 미성숙하고, 대단히 감정적이다. 또한 타당성에 대한 논의도 충분히 이루어지지 않았다. 아마 이러한 활동은 저급한 것과 양질의 것으로 나뉠 것이다. 그렇게 분화되어 가면 다양하고 적확한 반응이 모이는 비평공간을 구축하는 것도 불가능하지 않을 거라 생각한다.

이처럼 예전에는 그 장소에서 완결되는 행사였던 강연이나 심포지엄도 디지털에 기반하여 동시적으로 댓글(주석)을 달 수 있게 되었다. 지금은 종이 매체로만 비평하는 시대가 아니다. 장소 자체를 비평공간으로 미디어화할 수 있는 것이다.

새로운 도서관이라는 제도를 발족하다

나아가 디지털 문화를 성숙시키기 위한 더 공적이고 제도적인 과제가 있다. 개인이 할 수 있는 것에는 한계가 있기 때문에 사회에 관련 기관을 마련해야 한다. 이것은 한두 사람의 힘만으로는 할 수 없는 매우 큰 사업이다. 사람들의 리터러시를 보증하는 것으로서 도서관이 있다.

학교, 도서관 같은 공적 기관을 현대 정보산업사회의 공공 공간(public space)으로 바꾸지 않는 한, 사람들이 이 세상을 살아가는 것은 더욱 어렵게 될 뿐이다. 따라서 정보산업사회를 재인식할 수 있는 공적 장소를 사회에 마련할 필요가 있다.

물론 설비만 갖춰서는 안 된다. 미디어에 관한 식견을 지닌, 나아가 사람들의 욕구에 대응할 수 있는 사람들을 길러 사회에 미디어 리터러시를 장착해가야 한다. 그러한 장치가 있어야 비로소 미디어 문화 자체도 성숙되는 것이다. 다시 말해 문화를 성숙시키기 위해서는 개인 혹은 연구자가 움직여야 할 뿐만 아니라, 사회적으로도 그에 대한 대응 계획을 가져야 한다.

여기서는 내가 최근까지 책임자로서 맡아온 도쿄대의 새로운 도서관 프로젝트를 그 사례로 설명하고자 한다.

도쿄대 신도서관 계획

2014년부터 다음해 상반기까지 아사히신문에 나쓰메 소세키(夏目漱石)의 『산시로(三四郎)』가 100년 만에 연재되었다. 산시로가 다니던 구 제국대학 도서관은 1923년 간토 대지진으로 불타버렸고, 그 후 재건된 것이 지금의 종합도서관이다. 이 도서관은 세계적 부호였던 존 록펠러 2세의 기부를 받아 1928년에 세운 것으로, 2015년 현재 대공사·개축 중이다. 원래 있던 자리 앞의 광장에 깊이 40m의 구덩이를 파고 있는데 이는 지질학적으로 보면 심층 지하로서 간토 롬(loam)보다 아래까지 내려간 깊이이다. 도쿄대에서 가장 높은 12층 건물을 그 구덩이에 넣어도 옥상이 지상으로 나오지 않을 정도로 깊다. 거기에 300만 권을 수용할 수 있는 자동서고를 만들 예정이다.

거기에는 로봇만 다닐 수 있는데, 단 3분 만에 필요한 책을 꺼낼 수 있다. 그러한 공간을 지하 2, 3층에 만들고, 지하 1층에는 새로운 플로어를 만든다는 계획이다. 1928년에 지은 종합도서관은 곧 건축 100주년을 맞이하기 때문에 전면적으로 보수한다. 물론 경관은 보존되고 최초의 모습으로 돌아가는 부분도 있다. 건축계획으로서는 상당히 큰 프로젝트를 추진하고 있으니 홈페이지 등을 통해 반드시 한번 보시기 바란다. 또 다양한 강연회도 개최하고 있으니 반드시 한번 오셨으면 좋겠다.

2장에도 등장한 기호학자 움베르트 에코는 "책이란 이미 가장 완성된 기술로서 망치가 지금의 형태를 띠고 자동차 바퀴가 둥근 것과 마찬가지로 더 이상 진화될 수 없는 도구이다."라고 했다.

그 책이라는 물건이 전자책이라는 형태를 띠게 되었다. 나도 에코와 마찬가지로 책이 소멸하는 일은 없을 거라 확신한다. 그러나 동시에 책이 전자책이 된다는 것은 책이 컴퓨터가 된다는 것, 책이 태블릿과 같은 컴퓨터 단말기를 통해 다른 미디어와 바로 접속하게 된다는 것을 의미한다.

책이 미디어와 연결된다는 것은 어떠한 미디어화를 의미하는가. 새로운 형태의 책은 미디어 회로 속에서 다시 문화의 틀을 종합하는 위치를 가지게 될 수 있을 것인가? 이에 따라 책이라는 미디어 자체의 위치도 상당히 달라질 것이라 생각하기에 대단히 중요한 전환점이 여기에 있다고 생각한다.

전자책

디지털 혁명으로 전화, 음향기기, TV, 카메라 등 다양한 아날로그 기기가 컴퓨터화되었다. 그 가운데 컴퓨터화되지 않고 마지막까지 남아 있는 것이 책이라는 사실에는 생각해볼 만한 점이 있다.

맥루한은 르네상스 이후 활자 책이 만들어온 지식 문명권을

'구텐베르크 은하계'라 불렀다(『구텐베르크 은하계—활자인간의 형성』).[9] 그 지식문명이 오랜 기간 의거해온 중심장치인 책이 컴퓨터화된다.

책의 컴퓨터화를 어떻게 생각해야 할까. 이것은 대단히 큰 문제이다.

이 책을 내는 치쿠마 출판사처럼 일본 출판사는 각기 방대한 문헌목록을 갖고 있다. 콘텐츠로서 대단히 귀중한 재산을 가지고 있는 셈인데, 그것들 대부분은 아직 전자책화되지 않았다. 지금 출판되는 책은 조금씩 전자책화되고 있는 듯하나, 과거에 출판된 책은 거의 손대지 않은 채 남아 있다.

그런데 미국의 대학도서관을 보면 사정이 완전히 다르다. 도서 예산 추이에 따르면 지금은 대학 도서 구입비 가운데 50퍼센트에 가까운 돈을 전자책에 쓰고 있다. 점점 전자책의 비율이 증가하고 있어 종이책을 이렇게 구매하지 않아도 될까 싶을 정도이다. 도쿄대도 그러하지만 이는 책을 놓아둘 장소가 없는 것을 포함한 여러 가지 외적인 사정과도 관련되어 있다. 그 때문에, 예를 들면 뉴욕에 있는 대학 중 세 곳은 도서 구입에 관해서 제휴를 맺었다. 어떤 분야에서 한 대학은 종이책을 사고, 다른 두 대학은 전자책을 산다는 식으로 정해서

---

9 임상원 옮김, 커뮤니케이션북스, 2001.

종이책과 전자책의 균형을 이루려 하고 있다.

앞으로 전자책 활용이 진전되면 일본의 대학도서관은 어떤 모습이 되어야 할까. 도쿄대 신도서관 계획에서는 하이브리드 도서관 구상이란 것을 내세웠다. 요는 종이책을 중요시하면서도 그것을 전자책과 연결하여 양쪽을 자유롭게 오갈 수 있는 도서관을 만들자는 것으로, 점점 전자책화가 진행되는 세계 도서관 상황을 고려하면서 이상적인 도서관을 목표로 삼은 것이다.

전자책 대 전자저널

대학에서도 책을 읽지 않는 사람은 많다. 예를 들면 (일부) 이공계 교수들이 그렇다. 그들은 "도서관 따윈 필요 없다. 우리들은 전자저널을 읽고 있기 때문에."라고 말한다. 전자저널로 유명한 것은 『사이언스』, 『네이처』 등의 학술지 인터넷판으로서 한 논문의 길이는 대체로 10페이지 정도이거나 그 이하이다. 그 정도의 길이면 PC로 읽는 것은 물론, PDF로 읽을 수도 있다. 세계적으로 최전선에 있는 연구들이 거기에 게재되기 때문에 이공계에서는 그것을 구독함으로써 연구가 이루어진다.

확실히 책을 읽고 쓰는 작업은 매우 긴 시간이 들기 때문에 그렇게 해서는 제일선에 있는 연구의 국제적 경쟁에서 이길 수 없을 지도 모른다. 그보다는 최신의 지식을 경쟁상대보다 빨리 전자저널로 발표하여 선취권을 가지는 것이 중요할 것이다.

이공계 일부 교수는 "도서관 따윈 필요 없어."라고 말하지만, 그에 대응해 "그러면 도서관이 필요 없는 사람이 누구지?"라고 반론할 수 있다. 전자저널과 계약업무를 하고 도서관에 굳이 오지 않아도 되도록 만드는 것은 도서관이다. 실제로 도서관 직원들이 하는 일의 대부분은 전자저널과 관련된 것이다. 게다가 현재는 대학이나 연구기관이 오픈 액세스(open access)[10]라고 하여 국제적으로 경쟁력 있는 전자저널을 내려는 움직임이 활발한데, 이에 관한 업무도 도서관의 일이다.

전자저널에 의한 연구 활동 이야기로 되돌아가면, 실제로 연구자를 위해 매우 편리한 서비스가 마련되어 있다. 도서관이 각 분야의 새로운 연구를 계속 알려준다. 금주의 새로운 논문이 링크되어 있으며 참고 논문도 접근하여 읽을 수 있다. 등록만 해두면, 전문가 시스템(expert system)으로 저널사이트에서 읽어야 할 최신 논문을 확실하게 알려주는 것이다. 연구자는 그것을 읽고 자기 연구에 반영한다. 물론 나도 그런 서비스를 이용하고 있다.

연구 매체가 전자화된다는 것은 대체로 전자저널에서 시작해 확대된 것이다. 그러나 대학에서 책 읽는 활동을 고찰할 경

---

10 법적, 경제적, 기술적 장벽 없이 무료로 정보에 접근할 수 있도록 하는 정보 공유.

우 대학도서관의 전자책화 문제를 연구 매체의 연장선에서만 생각할 수는 없다.

이공계의 독서, 인문사회계의 독서

학문과 책, 지식과 책의 관계는 다양하다.

학문이 진리 탐구라는 생각은 쉽게 이해할 수 있고 대중에게 널리 받아들여지고 있다. 그러나 그 진리란 무엇인가에 대해서는 생각이 갈린다. 진리의 실질이 다르기 때문에 학문은 여럿이고, 또 각각의 학문 내에서도 다양한 영역이 있는 것이다.

예를 들면 "진리란 사고와 현실의 합치이다(adaequatio rei et intellectus)."라는 토마스 아퀴나스(Thomas Aquinas, 1225~1274)의 정의가 있다. 소위 경험과학은 이 정의에 기반해 있고, 새로운 사실을 발견함으로써 지식이 갱신된다.

한편 인문학과 같은 학문에서 지식은 그것과는 조금 다르다. 예를 들면 토마스 아퀴나스의 신학사상을 연구하는 경우 토마스의 사상이 사물(rei)과 같은 현실로 존재하는 것이 아니기 때문이다. 결국 긴 주석과 해석을 거쳐 마침내 그의 사상을 정리하여 새로운 견해를 구축하는 작업이 될 것이다. 그러한 연구에는 새로운 지식이 발견·증명되었다는 사실을 정확하고 신속하게 공표하는 것이 중요한 연구와는 완전히 다른 매체가 필요하다. 또한 다른 연구자들도 상당한 시간을 들여 긴 논고를 완성하기 때문에 그것을 충분히 읽고 그에 바탕하여 자기 견해를 논증하는 과정이 있어야 한다. 그러니까 이러한 경우 본격적인 연구를 위한 매체는 역시 한 권의 학술서가 될 수밖에 없다. 여기서는 많은 책을 읽고 여태까지의 지식을 재해석하여 새로운 시점에서 종합해 한 권의 책을 쓰는 것이 연구를 통해 진리에 다가가는 길이 된다. 새로운 현실과 대응된 정보를 재빨리 포착하는 것이 진리가 아닌 것이다.

인공지능과 학문

지식을 새롭게 정리하는 체계를 만드는 것은 전자저널에서는 불가능하다. 전자저널에서는 오히려 컴퓨터(인공지능)가 지식을 종합하는 역할을 담당한다. 컴퓨터의 전문가 시스템이 인간의 지성을 대체하는 것이다. 인공지능(전문가 시스템)이 지식을 종합하는 최대의 학자이고 개별 연구자는 그것으로부터 연구영역을 부여받아 작업을 행하는 지적 노동자에 지나지 않는다.

칸트나 헤겔 같은 사람들이 이공계를 포함한 모든 지식을 종합한 시대도 있었지만, 지금은 인간을 대신해 인문사회계를 포함한 모든 지식을 인공지능인 전문가 시스템이 종합하게 되었다. 그렇게 되면 연구자는 무엇을 위해 학문을 하는지, 앎의 전체 가운데 어디에 위치해 있는지, 나아가 도대체 학문이란 무엇인지를 파악하기 어렵게 된다.

2008년 *WIRED*라는 디지털 잡지에 크리스 앤더슨(Chris Anderson, 1961~)의 「이론의 종언(The End of Theory)」이라는 논문이 게재되었다. 논문에서는, 가설이나 이론은 더 이상 필요 없다, 데이터와 그것을 처리하는 시스템만 있으면 학문은 더 이상 필요 없다, 라는 센세이셔널한 주장을 했다. 이 논문의 과격한 주장은 세계에 큰 충격을 주었다. 데이터를 대조하는 능력은 인공지능이 훨씬 뛰어나기 때문에 컴퓨터 기반 전문가 시스템이 앞으로 점점 발달해가면 학문은 필요 없다고 하는 극단적인 결론에 도달할 가능성이 있다.

그러한 지식 상황에서 책과 진리의 관계를 재인식하는 것, 혹은 디지털 미디어와 진리의 관계를 생각하며 학문의 미래를 전망하는 것, 그것 또한 새로운 대학도서관을 구상하는 목적 가운데 하나이다.

전자책과 노트의 통합

도쿄대 신도서관 계획에서는 전자책에 메모를 하는 실험도 했다. 도서관이 전자책을 도입하는 것은 장점이 있다. 전통적인 도서관에서는 열람자가 종이책에 메모를 하거나 줄을 그을 수 없다. 그런데 전자책이 되면 각자가 마음대로 메모를 할 수 있다. 그래서 각자가 어떤 메모를 했는지를 조사했다. 전자책의 경우 각각의 책에 바로 메모를 하고 경우에 따라서는 그 내용을 공유할 수도 있기 때문에, 학생이 그 책을 어떻게 읽었는지를 확인할 수 있다. 아니면 인터넷에서 학생끼리 독서회를 열거나 교수들에게 배움을 청할 수도 있다.

그런 실험을 한 결과 다음과 같은 사실을 알게 되었다. 대개의 사람들은 책의 여백에 지식을 메모하고 말의 뜻을 모를 때에는 행간에 메모를 하는 법칙성이 있다는 사실이다. 반납하면 자신의 디지털 책꽂이에서 책은 사라지지만 메모는 남는다. 같은 책을 다시 빌리거나 새로 사면 책과 메모가 다시 대응한다. 전자책을 사용하면 이처럼 다양한 가능성이 열린다. 종이책에 메모를 하는 것은 극히 개인적인 활동이었기 때문에 그에 대한 연구는 그다지 이루어지지 않았다.

서적에 메모를 하는 것을 진화시키면 노트가 된다. 노트는 논문을 쓰는 것으로도 이어지고 결국 책을 쓰는 것으로도 이어진다. 종이책은 책과 노트가 별개로 존재한다. 그러나 전자책에서는 읽는 것과 쓰는 것이 연속성 있는 행위가 된다.

한편 전자책으로 읽고 또 메모를 한다는 것은 바로 컴퓨터가 그러한 읽고 쓰기를 기록하여 연구한다는 것을 의미한다. 책을 읽는다는 것은 컴퓨터가 책을 읽는 것을 점점 학습해가는 것이기도 하다. 이 실험은 컴퓨터 환경과 접속하여 독서의 가능성을 넓히는 증강 독서(augmented reading)[11]를 지향하는 프로젝트였다. 종이책을 읽는 것은 기본이지만, 나아가 전자 미디어 환경에서 독서를 진화시킬 수 있다. 도서관에 그러한 활동을 지원하는 환경을 만들면 앞으로도 더 많은 사람들이 도서관에 와서 책을 읽게 될 거라는 아이디어였다.

문명의 중심에 있는 독서

책이 만들어온 구텐베르크 은하계의 문화와 20세기 이후 문화의 미디어화라는 문제는 어디서 어떻게 연결되는가. 이것은 문명 안에서 배양된 지식·문화를 중요하게 생각하는 사람들에게는 물론, 이 장의 앞부분에서 말했던 주의력 경제의 가속화가 제기하는 우리들 뇌(의식) 자원의 지속가능성과 관련된 정신의 생태학에서도 중요한 주제이다. 독서는 주의력 집중을 필요로 하는 활동임과 동시에 이를 통해 인간이 자신의 의식과 사고로 정보나 지식을 정리하는, 문명의 중심을 차지하는 지적 활동이기 때문이다. 나는 앞으로도 책을 읽고 쓰는 활동이 여전히 인

---

11 전자책을 읽으면서 메모를 한다든지 밑줄을 긋는 등 현실과 유사한 독서 경험을 하도록 하는 개념.

류문화의 중심일 거라고 생각하고, 그래서 오히려 전자 미디어화되고 있는 책과 종이책의 문화를 확실히 결합시키는 것이 무엇보다도 중요하다고 생각한다.

주의력 경제의 경쟁이 심해지면서 미디어 생활은 의미의 생태학, 정신의 생태학을 위협한다. 과잉 주의 상태의 뇌는 인간의 문화 활동을 위한 시냅스 형성조차 위기에 빠뜨릴 우려가 있다.

독서와 신경과학

미디어와 뇌의 관계를 둘러싼 논의와 병행하여 참조하고 싶은 흥미로운 주제가 독서하는 뇌에 관한 최근의 뇌신경과학의 식견이다.

최근 뇌신경과학 분야에서는 책(문자)을 읽는 활동의 틀이 상당 부분 해명되었다.

인간이 문자를 읽을 때 눈은 어떻게 움직이는가. 시선추적기라는 장치를 사용하면 어떤 부분을 읽고 있는지, 어떤 움직임으로 읽고 있는지를 금방 알 수 있다. 도약 안구운동을 영어로는 새카드(saccade)라고 하는데, 안구가 갔다가 멈추고 또 돌아오는 활동을 계속하는 것을 뜻하는 단어이다. 그러한 운동에 의해 의미 덩어리(chunk)가 만들어져 기억으로 전달된다. 뇌로 문장과 어절을 파악하고, 그에 따라 안구를 움직이며 책을 읽

그림 5-3 창힐

는 구조가 해명되어 문자를 읽는 뇌 운동이 가시화되었다. 뇌의 각 부분의 역할에 대한 뛰어난 연구가 나오면서 인간이 문자를 읽는 행동에 대한 지식이 상당히 쇄신되었다.

1장에서 이집트 테우트 신이 문자를 발명한 일화를 플라톤의 『파이드로스』에서 인용했는데, 중국에서는 창힐(蒼頡)이라는 신화의 인물이 한자를 발명했다고 한다[그림 5-3]. 그의 초상화를 보면 알 수 있겠지만, 창힐에게는 눈이 두 쌍이 있다. 그러니까 눈이 네 개인 사람인 것이다. 이에 관해서는 여러 가지 설이 있지만, 중국 연구자들에게는 송구스럽게도 나는 내 마음대로 다음과 같이 해석한다. 한 쌍의 눈은 자연을 읽고, 또 한 쌍의 눈은 문자를 읽는 눈이라고. 창힐은 문자를 발명함으로써 문자를 읽는 눈을 새로이 한 쌍 더 가지게 되었다. 중국 신화에서는 어떻게 해석되어 있는지 모르겠지만, 아마 이러한 해석이 가장 뇌신경과학적인 해석이라고 생각한다.

아직 번역되어 있지 않지만, 이와 관련하여 흥미로운 책이 있다. 프랑스 뇌신경학자인 스타니슬라스 드엔(Stanislas Dehaene, 1965~)의 *Reading in the Brain*이라는 책이다. 이미 번역서가 나와 있는, 미국 뇌과학자 매리언 울프의 『프루스트와 오징어(Proust and the squid)』[12]도 명저이다. 나아가 이들 연구에 반드시 인용되는 시각인지과학자 마크 챈기지(Mark Changizi, 1969~)와 일본의 인지과학자 시모조 신스케(下條信輔)의 기초적인 연구도 있다.

여러분도 잘 알겠지만, 세계에는 200종이 넘는 대단히 많은 문자가 존재한다. 한자, 히라가나, 알파벳, 페니키아, 키릴문자 등등 다양한 문자 시스템이 존재한다고 생각할 것이다. 그러나 뇌신경과학이나 인지과학 연구의 최전선에서는 인간은 모두 똑같은 문자를 읽고 쓴다고 한다.

인간의 뇌에는 자연계에 있는 사물의 위치 관계를 시각적 특징으로 식별하는 능력을 관장하는 부위가 있다. 예를 들면, 교실에서 컴퓨터와 책상이 겹치는 부분은 보는 사람의 위치에

---

12 국내에서는 '책 읽는 뇌'라는 제목으로 번역 출간됐다(이희수 옮김, 살림, 2009).

따라 L자로 보이기도 하고 X자로 보이기도 한다. 이쪽에서 보면 L자로 저쪽에서 보면 X자로 보인다. 초원에서는 눈앞의 바위와 그 너머 나뭇가지가 겹치는 부분은 T자로 보이기도 하고 V자로 보이기도 한다. 동물은 태어나면서부터 그런 식별 시스템을 획득한다. 시각 정보를 처리하는 측두부(귀 뒷부분)에 중추가 있고 그것이 식별 시스템을 컨트롤한다. 그렇기 때문에 동물이나 인간은 실제로 그 장소에 가서 보고 형상을 깨닫는 것이 아니다. 그런 여유 있는 행동을 했다가는 다른 동물의 먹잇감이 되기 십상이기에, 식별 시스템은 생득적이다.

마크 챈기지와 시모조 신스케는 공간 내의 사물 식별 시스템의 단초가 되는 분별적 시각 특징과 인간이 사용하는 모든 문자를 구성하는 요소의 빈도분포를 비교하여, 둘의 출현 패턴이 완전히 대응하고 있다는 연구 결과를 보고했다. 자연계에서도 문자에서도 동일한 특징이 수없이 나타난다. 한자의 왼쪽 부분인 편(偏)과 오른쪽 부분인 방(旁)을 구성하는 요소는 모두 삼 획 이내로 쓸 수 있다. 그러니까 멈춤·삐침·삐쳐올림 등의 요소들을 조합하는 것으로 한자와 같은 복잡한 시스템이 만들어져 있다. 이렇게 문자 요소로 분해하면 인간의 문자는 동물인 인간이 자연계의 시각 분별 시스템에서 사용하는 식별요소와 거의 동일한 표지로 구성되어 있음을 알 수 있다. 그러니까 세계 어느 문자도 동일한 공간식별 표지에서 파생된 똑같은 특징을 요소로 하여

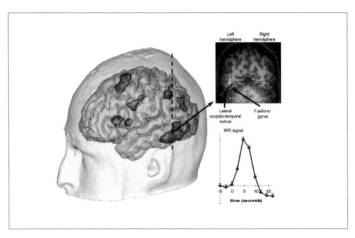

그림 5-4 뇌의 문자중추(Brain's letter box). 공간식별에 사용되는 중추가 문자 중추로 뉴런 리사이클링 된다.(도판: 스타니슬라스 드엔의 *Reading in the Brain*)

성립된다. 그것들은 삼 획 이내에서 쓸 수 있는 표지이고 세계의 문자는 그들 요소를 조합하여 만들어져 있다는 가설이다.

드엔의 연구가 밝힌 것인데, 문자를 읽는 사람의 뇌를 뇌 이미징 기술로 관찰하면 자연계의 특징을 분별하는 시스템과 똑같은 중추를 사용하여 문자를 분별한다는 것을 알 수 있다. 인간은 성장하면서 문자를 읽고 쓰는 능력을 습득하는데, 공간적 식별을 다루는 부위를, 문자를 분별하는 기호 시스템을 구동하는 부위로 전용하기 때문에 그것이 가능하다. 문자를 습득하는 이러한 과정은 후천적인 것이지만 뇌의 가소성 때문에 어린 시절에 이루어져야 한다.

디지털 미디어의 이해

유소년기에는 시냅스가 형성되는 시기여서 어느 시점에 이르면 자연적으로 읽고 쓰는 단계에 이른다. 그러니까 문자를 술술 읽고 쓸 수 있게 되는 것이다. 자연계의 시각적 분별 시스템을 언어를 읽고 쓰는 활동으로 전용하는 과정에서 인간은 문자를 읽고 쓸 수 있게 된다. 그렇게 인간은 문자 중추(brain's letter box)를 후천적으로 획득한다고 드엔은 말하고 있다. 이것이 그가 제기한, 인간의 문자 획득에 관한 뉴런 리사이클링(neuronal recycling) 가설이다[그림 5-4].

각종 문자를 구성하는 조합 패턴은 다양하지만 요소는 공통적이다. 즉, 문자 요소는 보편적이다. 세계의 모든 사람들은 기본적으로 같은 문자를 쓰고 있다. 다만 다양하게 보이는 것은 그들 문자 요소가 다양하게 조합되고 구체적인 문자체계로 종합되어 사용되기 때문이라고 한다.

책이라는 공간

지금 소개한 스타니슬라스 드엔의 학설은 독서 활동에 관여하는 뇌의 정보처리 시스템을 연구한 것이다. 문자를 다루는 뇌가 공간식별 활동에서 비롯되었다는 대단히 흥미로운 연구이다. 신화 속 창힐의 눈이 네 개인 이유가 자연을 읽는 한 쌍의 눈에 그것과 겹치듯이 문자를 읽는 또 다른 한 쌍의 눈이 더해졌기 때문이라는 해석도 뇌신경과학적으로 보면 근거가 없다고는 할 수 없을 것이다.

독서라는 활동을 이해하기 위해 그다음에 생각해야 할 것은 문자를 적은 표면인 페이지와 페이지를 묶은 책이라는 매체(미디어)의 문제이다. 최초의 서적 미디어는 파피루스 두루마리였는데, 어느 시기(B.C. 2~3세기)부터 코덱스(codex)[13]라는 책자형이 된다. 이 책자형 서적은 매우 중요한 발명품이었다. 두루마리 형태로 읽으면 한 권의 책을 순서대로 읽게 되지만 책자형이 되면 책의 페이지와 다른 페이지, 나아가 다른 책의 페이지를 동시에 읽으면서 비교할 수 있게 된다.

이러한 코덱스의 발명이 끼친 영향은 아주 크다. 2장에서 언급한 미디어 철학자 프리드리히 키틀러는 두루마리에서 코덱스(책자형)로 이행한 것은 성 아우구스티누스 무렵으로, 그것은 당시의 그리스도교 신학자들에게 라틴어 문헌만이 아니라 헤브라이어로 된 유대교전, 그리스어로 된 신약성서, 그리고 이교도의 그리스 철학을 비교·대조할 수 있도록 했으며, 색인을 통한 검색도 가능하게 하여, 스콜라 철학을 발달시켰다고 말한다.

이처럼 책의 기술이 개량되면서 읽는 활동도 역사적으로 성

---

13 서양에서 책을 만들던 방식의 일종으로, 낱장으로 된 것을 묶어 겉표지를 싸서 만든 형태를 일컫는다.

숙되어왔다. 책자형 서적의 발명은 책을 읽는 활동이 3차원적 공간성에 기초한 활동임을 보여주었다. 그리고 원래 문자를 읽는 활동이 뇌의 활동이라는 점을 생각하면, 이는 독서와 공간 인지가 연결되어 있다는 것과 깊이 관련되어 있다.

실제로 우리들은 열심히 읽어서 그 내용을 기억하고 있는 책을 떠올릴 때, 어느 문장이 적힌 곳은 대체로 어느 정도의 두께에 있는 어느 페이지 부근이고, 그 페이지의 오른쪽에 적혀 있었던 것 같다고 하는 식으로 위치 정보를 기억하고 있다. 우리들은 공간정보에 의해 읽기 기억을 유지하고 있는 것이다.

그러나 아마존의 킨들과 같은 이펍(ePub)[14] 방식의 리플로우(reflow)형 전자책으로 책을 읽는 경우 폰트를 바꾸면 페이지 수가 변하기 때문에 지금 말한 것과 같은 공간적인 기억 시스템을 만들 수 없다. 책을 열 때마다 페이지 수가 변하면 그 문장이 어디에 있었는지 파악할 수 없기 때문이다.

GPS에 의존하여 길을 걸으면 나중에 어디를 어떤 길을 통해 갔는지 생각나지 않는 것과 마찬가지로 전자책(ePub)의 경우 검색은 가능해도 기억에서 공간적 구조체로 구축된 책의 경험은 희박해질 것이다. 그러나 책은 기억의 편성체이기 때문에 500페이지짜리 책이라면 그만한 기억의 두께로 사고하거나

---

14 PDF 문서를 화면 크기에 맞게 가장 좋은 사이즈로 만들어주는 형태.

주의력의 경제와 정신의 생태학

이야기하는 활동이 입체화된다. 10페이지 분량으로 논의한 것, 생각한 것, 이야기한 것과 500페이지 분량으로 사고하고 말한 것은 사고와 상상의 폭이 다르다. 공간적 구조체인 책에는 그만한 잠재적인 힘이 있기 때문에 책은 특권적인 정신의 도구이다.

500페이지의 메모리를 사용하여 사상(事象)을 사유하고 상상하고 이야기하게 하는 책이라는 장치는 압도적으로 큰 인지적 힘을 가지고 있다. 나는 그러한 이유로 결코 종이책은 태블릿의 2차원에서 리플로우된 텍스트를 읽는 전자책에 밀려 사라지지 않을 것이라고 생각한다.

하이브리드 독서 환경

그러나 책이 소멸되지는 않아도 그것이 전자화되면서 컴퓨터가 책을 읽기 시작한다. 컴퓨터가 책을 읽으면 새롭게 가능해지는 것도 있다. 전문(全文) 검색을 할 수 있고, 다른 사람의 독서와 연결할 수도 있으며, 사전과 쉽게 연동될 수도 있다.

나아가 컴퓨터의 인터페이스에서 다루는 다양한 정보 흐름과 책이 연결될 가능성이 있다. 앞에서도 말했듯이 책이라는 도구는 인지적 힘이 대단히 강한 미디어인데, 그 책과 컴퓨터가 모은 다양한 정보를 결합하는 플랫폼을 만들 수 있지 않을까. 종이책과 전자책의 장점을 조합할 가능성이 보이는 것이다. 나는 그것을 디지털 미디어 시대의 하이브리드 독서 환경이라고 부른다. 이 장에서 미디어 텍스트를 비평하는 방법에 대해 이야기했는데, 미디어라는 테크놀로지 문자가 기술적 무의식을 기초로 현대인의 의식을 만든다고 한다면 그러한 미디어 커뮤니케이션과 책의 읽기·쓰기 활동을 연결함으로써 미디어를 읽고 주석을 달며 비평하고 반성적으로 사고하는, 미디어 문명에 대한 반성적 인지 환경을 만드는 것을 생각해볼 수 있다. 그 인터페이스에는 종이책과의 경계면인 전자책이 위치할 것이다.

사회에 정신 생태학을 보장하는 장소

도서관은 앞으로 그런 역할을 담당해야 한다고 생각한다. 원래 도서관은 사회의 리터러시를 보장하는 장소인데, 여기서는 정보 생활의 리터러시를 담보하는 장소로 재정의할 수 있다. 도서관과 같은 시설을 잘 설계하여, 그것을 책이 축적해온 앎과 정보 생활을 연결하고 또 정리하는 장소로 변화시켜야 한다. 나는 그런 유토피아를 목표로 도서관 프로젝트를 추진했던 것이다.

　책의 앎과 정보의 앎이 연결되는 장을 구축하는 것이기 때문에 이것도 하나의 정신 생태학의 시도라 할 수 있을 것이다. 현대 정보 생활을 성찰하는 활동을 사회 곳곳에 장착하는 것, 이제 사회 전체가 이 과제에 매달릴 필요가 있다고 생각한다.

6장

미디어 재귀 사회를 위해

미디어 사회에 대해 재귀적이 된다는 것

마지막 장에서는 미디어 재귀(再歸) 사회란 무엇이냐는 문제를 실마리로 지금까지 해온 이야기를 정리하고자 한다.

한 아기에게 여러 사람이 동시에 말을 걸면 그 아기는 어디를 봐야 할지 모른다. 주의력이 산만해지고 어느 하나도 이해할 수 없게 된다. 마찬가지로 미디어가 발달하면서 우리들 현대인도 자신의 주의력을 통제할 수 없게 된 것은 아닐까. 정보가 범람하는 시대에는 주의력, 의식, 사고라는 인간의 희소자원을 둘러싼 정신의 생태학 문제가 발생한다.

우리들은 이러한 문제에 앞으로 더욱 주의하며, 의식적이 되어 그 문제를 깊이 생각해야만 한다. 그것이 이 장에서 말하는 미디어 사회에 재귀적이 된다고 하는 가치관이다. 그에 관해 지금부터 이야기하고자 한다.

성장과 소비에서 멀어지기

우선 지금까지의 논점을 다시 돌아보자.

3장에서 말했듯이, 미국 자본주의로 패권이 이동하는 20세기형 자본주의는 소비 자체를 생산하는 순환 구조를 고양해왔다. 그 견인력이 된 것이 미디어 혁명인데, 할리우드라는 '꿈의 공장'으로 대표되는 영화, 레코드, 라디오 등의 문화산업이 그 주역이었다. 거기서는 사람들의 마음속에 있는 의식의 시장에 작용하는 것이 중요해져 욕망의 경제(프로이트 이론이 말하는 리비도 경제)가 상품의 생산·유통·소비를 뒷받침하게 되었다. 매스미디어가 만들어낸 대중(mass)의 심리를 조작하는 마케팅의 테크놀로지가 프로이트의 조카 버네이스에 의해 개발되어 대중사회를 움직이게 되었다.

제2차 세계대전 후의 일본 역사를 이것과 겹쳐 보면 기시감이 든다. 일본에서는 고도성장기라고 하고 프랑스 등에서는 '영광의 30년(Trente Glorieuses)'이라고 하는, 1945년에서 1975년에 이르는 전후 부흥과 경제성장의 시대는 바로 이러한 미국형 자본주의의 이식과 반복·발전에서 비롯된 부흥과 성장의 시대였다. 미국의 포드처럼 도요타나 닛산의 자동차가 만들어졌고,

일본판 할리우드라 할 수 있는 도에이, 쇼치쿠의 영화로 꿈의 스타가 탄생했고, 백색가전에 둘러싸인 행복한 마이홈의 꿈이 TV 방송으로 퍼져나갔으며, 덴쓰나 하쿠호도의 마케팅이 PR을 담당했던, 제2의 근대화와 경제성장의 시대였다.

유럽과는 달리 두 번의 오일 쇼크를 극복한 전후 일본 사회의 경제는 1980년대에 난숙기(爛熟期)를 맞이하여 생산자본주의(生産資本主義)의 시장은 포화 상태가 되었다. 국제 경쟁을 겪으며 축적된 잉여 자금은 투기로 향하여 거품 경제 시대가 도래했다. 그때가 바로 소비의 생산이 추구되던 시기였다.

내 세대에게는 최근의 일처럼 느껴지는데, 이러한 소위 거품 경제 시기는 기호 소비의 시대이기도 했다. 이때 기호론은 소비사회의 현상을 해독하는 앎으로 일약 각광을 받아 열병처럼 일시적으로 유행했다. 이것은 내가 이 강의에서 그 한계를 지적한 낡은 기호론이다.

예를 들면, 장 보드리야르의 『기호의 정치경제학 비판』[1]이라는 책이 간행되었다. 또 지금까지도 상당수의 독자가 존재하는 롤랑 바르트의 기호학, 나아가 구조주의나 포스트구조주의라 불리는 일련의 사상가들의 저작을 아는 것이 유행이 되어 일본에서는 뉴아카데미시즘이라 불리기도 했다.

---

1   이규현 옮김, 문학과지성사, 1998.

이들 이론은 소비자본주의를 해석하기 위한 패러다임으로서, 아날로그 미디어 혁명이 만들어낸 기호를 분석한 것이라고 나는 이해한다. 그것은 문화산업이 낳은 소비가 대단히 중요한 활동임을 보여주었다는 점에서 큰 설득력을 지녔지만, 지금은 통용되지 않는 이론이다.

고도성장기의 산업자본주의를 이어 소비자본주의의 포스트 근대라는 시대가 도래하고, 포스트 모더니즘 현상이 활황을 보였다. 파르코, 세이부[2] 문화처럼, "맛있는 생활"이나 "가지고 싶은 것을 가지고 싶다." 등과 같은 광고 카피가 보여주듯이, 사람들이 욕망의 생산을 자각하는 시대였다. 그러나 결국 욕망의 생산과 관리는 다른 미디어 테크놀로지에 의해 이루어지게 된다. 그 후 정보자본주의로 변모해 가는 과정이 있었던 것이다. 그런데 일본은 그러한 정보자본주의에서 완전히 패배했다.

일본의 패배

일본은 고도경제성장에서 소비사회에 이르기까지는 시대의 추세를 대단히 잘 따라잡아 자본주의 경쟁에서 이겨왔다. 그러나 1990년대 초반 거품이 붕괴한 이후 일본 자본주의는 미국 정

---

2   일본의 대표 백화점 이름으로, 일본의 번화가에 자리하고 있다.

보자본주의에 패배한다.

고도경제성장기 이래 일본의 기간산업이었던 전자제품 메이커는 카메라도, 비디오도, TV도 모두 아날로그 기기 산업 중심이었다. 아날로그 테크놀로지가 가능하게 했던 일본의 산업적 우위가 흔들리고 거품이 붕괴하면서 찾아온 '잃어버린 10년' 동안 소니나 파나소닉과 같은 메이커는 세계시장에서 패배해갔다.

미국의 정보자본주의

1989년 냉전이 종결되면서 미국의 군사기술이 컴퓨터 테크놀로지를 중심으로 개방되었다. 그 핵심은 정보통신기술인데, 군사기술인 아르파넷이 인터넷이라는 민간용으로 개방된다.

이야기가 조금 옆길로 새지만, PC의 발명이 오히려 군산학(軍産學) 협력에 대항하는 캘리포니아의 저항문화에 원류를 두고 있음은 흥미로운 사실이다. 군사나 산업 방면에서 사용되던 것은 메임 프레임이라 불린 대형 컴퓨터로서 지금 식으로 말하면 슈퍼컴퓨터이다. 이것은 IBM이라는 기업 중심의 군사 기술이었다. 그러나 1960년대 학생운동의 저항문화 가운데 '컴퓨터 립(Computer Lib)'이라는 운동이 있었다. 컴퓨터를 해방하라는 운동이었다. 빌 게이츠와 스티브 잡스를 비롯한, PC를 만든 1세대들이 거기서 출발했다. 그들은 "컴퓨터를 군인의 손에서 해방하라."라고 선언하며 민주주의의 수단으로 소형 컴퓨터를 만들기 시작한다. 최초의 컴퓨터 세대는 자유주의적이고 민주주의적인 저항문화 속에서 탄생한 것이다. 그러던 것이 점차 컴퓨터가 사람들의 생활, 산업 속에 편입되어감에 따라 그들은 정보자본주의의 주역으로 탈바꿈하였다. 1995년에 윈도95가 발매되어 PC 이용자가 폭발적으로 증가하면서 시작된 사태가 현재의 인터넷 세계를 만들어왔다.

다시 본론으로 돌아가면, 군사기술이었던 네트워크가 인터넷으로 개방됨으로써 글로벌한 정보 인프라가 생겼다. 이것은 3장에서 말한, 1차 세계대전 후에 군사 무선기술이었던 라디오가 민간에 전용되어 라디오 방송이 보급되고 그 후 TV 방송이 발달한 역사를 반복한 것이라고도 할 수 있다. 앨 고어의 정보고속도로 구상은 바로 캘리포니아의 자유주의 저항문화가 국가의 정보정책과 합류하여 큰 흐름을 만들어간 미국의 정보자본주의 운동을 여실히 보여주고 있다고 할 수 있다.

그러니까 일본의 20세기 말 아날로그 자본주의는 부활한 미국의 정보자본주의에 의해 구축(驅逐)된 것이다. 소니와 파나소닉의 아날로그 미디어 기술은 마이크로소프트, 애플, 구글 등이 견인하는 미국의 정보자본주의에 적응하지 못해 물러났다. 소니나 샤프의 아날로그 정밀 기기가 애플이나 삼성의 부품이 되

미디어 재귀 사회를 위해

는 등, 아날로그 시대의 승자가 디지털 기업의 하청 기업으로 전락해갔다. 지금은 바로 그러한 역사적 단계에 서 있다고 할 수 있다.

기호론의 문제를 다시 설정한다

경제학자도 아닌 일개 인문학자에 불과한 내가 이처럼 20세기 자본주의의 역사를 조감하는 데는 이유가 있다.

어떤 학문도 세계 추세와 무관할 수 없다는 것 때문이다. 특히 내가 말해온 기호론은, 앞에서도 말했듯이 1980년대 일본에서는 소비자본주의를 설명하는 이론으로 수용되었다. 엄밀하게 말하면 그것은 일본에 국한된 것이 아니라 전세계적으로 나타난 현상이었다. 전후 자본주의가 생산을 중심으로 한 근대적 산업주의에서 소비를 생산하는 포스트모던한 단계로 이행했을 때, 문화산업에 대한 의존을 강화하는 자본주의 운동을 이해하는 앎의 패러다임으로 현대 기호론이 등장했던 것이다.

컴퓨터는 이미 1950년대에 기술적으로 발명되었고, 사이버 네틱스와 같은 정보이론도 기호론의 학설 중 일부로 등장했음에도 불구하고, 거품 경제 시기 문화산업의 기반 기술이 아날로그 미디어였기 때문에 현대 기호론은 아날로그 미디어의 기호론이었다고 할 수 있다.

그러나 세계는 이제 정보자본주의의 시대가 되었고, 이 책을 통해 설명했듯이 인간의 정신생활이 정보기술과의 경계면에서 성립하게 되었다. 4장에서 말했듯이 기호론 역시 디지털적 전환이 필요한데, 그러기 위해서는 오히려 라이프니츠 시대의 바로크 기호론으로 일단 회귀함으로써 세계의 기호론화를 재인식해야 한다. 미디어의 디지털 전환에 따라 기호론을 갱신하자. 라이프니츠의 보편기호론으로까지 거슬러 올라가 정보기호론으로 기호론을 재조립하자. 이것이 이 책을 통해 설명하고자 한 나의 학문적 주장이다.

이는 20세기를 거치며 발달해온 미디어 연구의 디지털적 전환과도 깊이 관련된 생각으로, 최근에는 '디지털 연구(Digital Studies)'라고 부르기도 하는 세계적인 미디어론 혁신의 움직임과도 연결되어 있다. 이에 대해서는 문화사회학자인 요시미 순야(吉見俊哉, 1957~), 런던대 골드스미스 칼리지의 마이크 페더스톤(Mike Featherstone) 등과 함께 내가 최근에 엮은 『디지털 스터디즈』(전3권)를 참고하기 바란다.

디지털 전환과 재귀성

미디어가 디지털화하면 미디어는 재귀화한다. 이렇게 쓰면 무슨 말인지 모르겠다고 생각할 것이다. 그래서 이를 조금 상세히 설명하고자 한다.

재귀성이란 내용과 상대방, 그리고 상황에 따라 그때마다 자신의 모습을 변화시키고 조정한다는 정도의 의미이다. 그 근본에 있는 원리는 사이버네틱스의 피드백이라는 사고이다.

20세기 중반에 TV가 보급되어 미디어론이 대두되었을 때 캐나다의 미디어 이론가 마셜 맥루한의 "미디어는 메시지"라는 명제가 선풍을 일으켰다.

미디어란 메시지를 담은 도구라는 상식에 대항해 미디어야말로 메시지 성립을 결정한다고 말한 이 명제는 당시로서는 혁명적 의의가 있었다. 그러나 그것은 미디어와 메시지 사이에 아날로그 미디어적인 고정적 대응관계를 그 전제로 상정하고 있다.

영화는 어디까지나 필름 위에 인화되고, 레코드는 비닐 위에 음파의 고랑을 새기며, TV나 라디오는 전파의 주파수대가 정해져 방송된다. 매질이라는 미디어의 기술적 조건이야말로 미디어가 운반하는 메시지를 결정한다는 것이다. 신체 접촉적인 구술 커뮤니케이션을 전송하는 TV라는 새로운 미디어는, 시각적·추상적인 신문과는 다른 새로운 메시지를 운반하게 되어 이전과는 다른 문화가 될 것이다.

그런데 디지털 혁명은 미디어를 0과 1의 수열을 통해 메시지를 그때마다 생성하는 행렬(matrix)로 진화시켰다. 아날로그 미디어에서는 미디어와 메시지의 형태가 고정된 관계였다. 그

디지털 미디어의 이해

러나 컴퓨터에서는 음성도 영상도 문자도 모두 0과 1로 이루어 지는 수열로 바뀌어 그때마다 새롭게 생성된다. 커뮤니케이션 도 디지털 미디어에서는 미디어 자신이 그때그때 사람과 사물의 관계를 제어하고, 하이퍼텍스트라는 미디어 활동에 의해 메시지가 계속 변화된다. 지금 미디어는 프로테우스(그리스 신화에 나오는 자유롭게 변신하는 해신)적인 플랫폼으로 변한 것이다.

미디어에서 플랫폼으로

그렇기 때문에 디지털 미디어란 관계성이 자율적으로 그때마다 생성되는 장이고, 나아가 무한한 기억의 저장고이며, 그래서 오히려 이용자의 행동을 미리 결정하는 프로그램이자, 항상 어느 곳에서나 사람과 사물을 눈앞으로 불러낼 수 있는 플랫폼이 되었다.

맥루한의 이론은 하나의 미디어에는 고정된 메시지가 대응된다는 전제를 가지고 있다. 신문은 누가 어디서 읽는가에 따라 변화하지 않고, TV도 누가 어디서 보는가에 따라 변하는 것은 아니다.

그런데 미디어가 디지털 플랫폼으로 변화하면서 이러한 움직임에 적응하지 못하는 신문사, 방송국은 쇠퇴한다. 신문사, 방송국은 매스미디어이기 때문에 시대에 적응할 수 없다는 의

견도 있겠지만, 이것은 어디까지나 일면적인 이해에 불과하다. 매스미디어가 세력을 잃어가는 것은 미디어가 디지털화하여 그 원리가 플랫폼화되었기 때문이다.

플랫폼화란 읽는 사람, 보는 사람, 사용하는 사람에 따라 정보가 시시각각 변해감을 의미한다. 예를 들면 TV는 채널, 시간에 따라 내용이 정해져 있다. 신문도 실린 내용이 정해져 있다. 그러나 유튜브나 트위터, 페이스북, 니코비디오(일본의 유튜브 같은 사이트) 같은 것은 메시지로부터 자유로우며, 이용자의 행위에 따라 메시지가 변화한다. 그렇기 때문에 어떨 때는 신문, 어떨 때는 라디오나 TV, 또 어떨 때는 뮤직비디오라는 식으로 그때마다 변하는 커뮤니케이션에 기반을 둔 IT 플랫폼으로 사람들은 점점 이동하고 있다.

이에 따라 지금까지 메시지 고정형 매체를 제공하던 미디어들의 경제 활동이 쇠락하여 매스미디어 산업이 위기에 빠져 있다. 이러한 미디어의 플랫폼화는 IT가 초래한 현상이다. 우선 그것은 독자, 시청자(이용자)를 탐색할 수 있는 피드백 회로를 가지고 있다. 그리고 메시지가 자유롭기 때문에 미디어와 이용자가 서로 피드백 상태에 놓이게 된다. 미디어가 그러한 재귀성을 가지고 있기 때문에 플랫폼을 제공하는 플랫포머 기업에게만 이익이 생기는 구조(수입구조)를 가진다.

기호의 재귀화

미디어 재귀화의 문제는 기호의 재귀화와 함께 생각할 필요가 있다. 디지털 미디어 시대의 기호는 모두 정보와 표리일체가 되었다. 디지털 카메라가 찍은 사진이 원리적으로는 0과 1로 기록되는 것에서 알 수 있듯이, 디지털 기호는 항상 디지털 정보열로 이루어진다. 이것이 내가 주장하는 정보기호론의 가장 근본적인 논점이다. 앞으로의 기호론은 디지털 미디어의 기호론이 될 것이다.

그림 6-1에서는 섀넌 모델과 소쉬르가 만든 언어(파롤, parol) 회로를 겹쳐 두었다. 클로드 섀넌이 1948년에 제창한 섀넌 모델에 따라 모든 신호(정보)가 컴퓨터로 계산 처리될 수 있게 되

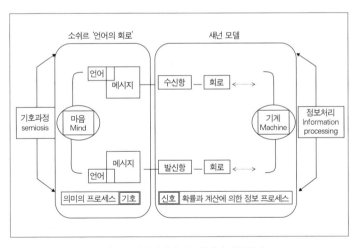

그림 6-1 기호과정과 정보처리의 대면 관계

었다. 한편 1900년경 소쉬르는 언어(파롤) 회로의 이론을 제창
했다. 이 또한 전화 모델을 통해 인간의 커뮤니케이션을 포착
한 것이다. 이것들을 중첩시켜 보면 기호과정과 정보처리가 세
트가 된다.

　인간은 말을 하고 있지만, 스마트폰은 그것을 0과 1의 기호
로 바꿔 송신한다. 그리고 0과 1의 기호가 영상이나 음성 등과
결부된다. 결국 0과 1로 바꿔 기록되는 순간부터 다른 기호와
결합될 가능성이 생기는 것이다. 지금은 기호론과 정보학이 항
상 세트이다. 우리들이 항상 사용하는 인터페이스의 이쪽(기호
학)에서는 사람이 말을 하고, 저쪽(정보학)에서는 컴퓨터가 정
보를 처리한다. 우리들은 이러한 인터페이스를 통해 소통하고
있는 것이다. 어떤 상황에서건 기호 생활은 정보 생활이 되었
다. 이것은 아날로그 시대의 기호론과는 완전히 다른 사고방식
이다.

　그러면 기호학과 정보학의 인터페이스에서 도대체 무슨 일
이 일어나고 있는가. 4장에서 설명했듯이, 기호의 의미를 만들
어내는 활동을 세미오시스(기호과정)라 한다. 한쪽에서 컴퓨터
는 정보처리(information processing)를 하고 있다. 워드 프로세
서라는 기계가 있는데, 이것은 언어를 처리한다는 뜻이다. 여기
서는 세미오시스와 프로세싱이 정확하게 대면한다[그림 6-2].

디지털 미디어의 이해

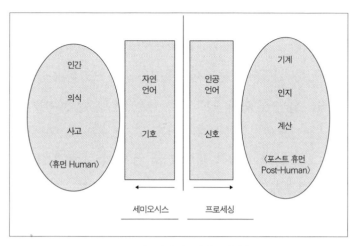

그림 6-2 기호학과 정보학의 인터페이스

기호과정과 정보처리

정보학에서는 인간이 말하는 언어를 자연언어라 하고, 컴퓨터
가 사용하는 문자는 인공언어라 한다. 컴퓨터도 언어를 가지고
있는데, 그것은 소프트웨어 등 프로그램 언어로 기록된다. 기호
학의 틀에서 인간은 기호를 주고받는다. 그러나 정보학의 틀에
서 컴퓨터는 숫자를 주고받는다. 인간이 기호과정(semiosis)을
하는 동안 기계는 정보처리(processing)를 한다. 인간은 의식을
가지는 한편, 컴퓨터는 인지를 모델화한다. 또한 인간은 다양
한 사고를 가지고 있지만, 컴퓨터의 사고는 계산이라 불린다.
그렇기 때문에 컴퓨터(계산기)인 것이다.

사고=계산이라는 도식을 발명한 것은 홉스인데 라이프니츠보다 빨랐다. 기호학과 정보학은 항상 이러한 대면 관계를 이루고 있다. 컴퓨터는 인공지능의 실현을 목표로 하고 있으나 인간은 뇌로 사고한다. 1990년대 무렵부터 인간(human)이 하는 일을 기계가 대신하게 되자 인간 이후(post-human)가 될 거라는 논의가 나오기 시작했다. 결국 여기서는 휴먼과 포스트 휴먼이 대면하고 있다.

3장에서 설명한 퍼스에 따르면 기호 가운데 가장 큰 요소는 지표(index)이다. 아날로그 미디어 혁명으로 모든 흔적(index)을 잡아 기호를 완전히 포착하는 것이 가능하게 되었는데, 사진은 빛의 흔적을, 영화는 운동의 흔적을, 녹음장치는 음성·음향의 흔적을 각기 완전히 포착하게 되었다. 이것은 모두 인간에게는 불가능한 일이다.

인간은 흔적에서 어떤 것을 선별하여 그림이나 언어로 만든다. 그러니까 정보를 취사선택하고 법칙성을 도출하여 사물을 이해한다. 그러니까 분별적으로 보고 듣는 것이다. 우리들은 오늘 아침에 일어난 후에 본 모든 광경을 기억하지는 않는다. 그러나 라이프로그처럼 카메라를 항상 돌리면, 하루의 사건을 모두 완전히 포착할 수 있다. 카메라는 흔적을 완전히 포착하기 때문인데, 우리들은 그것을 선별하여 상징(symbol)만으로 대응한다. 예를 들면 "오늘은 이러저러한 일이 있었다.”라고 언어로 말하는 식이다. 그렇기 때문에 양적으로 말하면 기호는 상징을 정점으로 한 피라미드로 되어 있다. 4장의 도식을 다시 떠올리면, 문자적인 것은 상징으로 특화되어 있고, 상(Image)은 도상(icon), 나아가 지표(index)로 점점 아래로 내려간다. 흔적을 온전히 포착할 수 있게 되면, 당연히 정밀도(definition)는 높아진다. 미디어에서는 마치 지금 여기서 사건이 일어나고 있는 것처럼 사진, 영상, 음성, 음향을 포착할 수 있다. 그러니까 우리들은 정신적인 활동은 상징적인 영역에서, 신체적인 접촉 등은 흔적의 영역에서 각각 경험하고 있다.

미디어의 재귀화

그런데 기호와 정보가 고정값(default)으로 세트 상태가 되면 기호의 재귀화가 일어난다. 4장에 있는 그림 4-7의 아랫부분은 정보처리의 틀이다. 우선 지표 부분을 정밀도가 높은 아날로그 기호로 포착하고(아날로그), 이것을 서서히 수치화한다(디지털). 예전의 디지털 카메라는 화소 수(픽셀 수)가 적었기 때문에 조금 확대하면 모자이크 모양이 되어버렸다. 아날로그가 더 풍부한 정보량을 가지고 있고, 이것을 어느 정도 연산처리할 수 있는가에 따라 화소수가 달라진다. 디지털로 변환하면 아날로그 기호는 0과 1이라는 수가 된다. 수가 되면 계산가능하기 때문에 프로그램 혹은 수식으로 다룰 수 있게 된다. 따라서 기호 피라미드와 정보 역피라미드가 세트가 되는 것이다. 이것이 기호의 재귀화이다. 디지털화에 의해 기호를 다시 포착하는 또 하나의 프로세스가 부가된다. 이에 따라 기호가 항상 정보로 다시 기록되는 회로가 만들어져 피드백의 재귀성을 형성한다.

　이것은 기호를 다루는 미디어에도 파급된다. 예를 들면 아날로그 사진의 경우 찍은 사람과 그것을 보는 사람은 관계가 없지만, 디지털 사진에서는 상호작용성(interactivity)이 생겨난다. 어떤 사진이 0과 1의 수열로 바꿔 기록된 경우 그것은 마찬가지로 0과 1의 수열로 바꿔 기록된 다른 사진과 비교할 수 있게 된다. 즉, 그 사진들은 네트워크 속에 있는 임의의 사진으로 위치 지어지는 것이다. 혹은 사진을 보고 있는 사람과 사진이 커뮤니케이션할 수 있는 회로가 있으면 누가 언제 어떻게 보았는지도 모두 기록된다. 나아가서는 그 사람이 이전에 본 사진도 기록된다. 결국 사진과 사진을 보는 사람의 정보가 겹쳐진다. 종이 신문은 누가 읽었는지 알 수 없지만, 인터넷으로 신문을 읽는 경우 누가 읽었는지는 원리상으로는 모두 포착된다.

　여기서 신문과 그 이용자 사이에 약속이 성립되어 있으면 신문은 각자에게 개인화된 정보를 보낼 수 있다. 미디어와 이용자가 상호작용(interaction)함으로써 이러한 일이 가능해진다.

디지털 미디어의 이해

또한 정보화되면서 미디어 자신도 다른 회로를 가지게 되고, 이에 따라 피드백이 가능해진다(재귀화된다). 이것은 기호의 재귀화와 동일한 원리인데, 미디어가 정보를 어떻게 종합하는지에 따라 다양한 가능성이 열린다.

정보로부터 항상 피드백을 받음으로써 플랫폼화된 미디어 위에서 메시지는 다양하게 변화한다.

삶의 알고리즘화

모든 사람이 그러한 플랫폼을 사용하게 되면, 이번에는 인간 생활 자체가 알고리즘화된다. 앞에서 기호는 반드시 정보와 세트가 된다고 말했다. 기호는 정보로 처리되기 때문에 기록이 남는다. 그러면 정보는 사람들의 기호 생활의 그림자(분신)처럼 존재하게 된다.

예를 들면 당신이 아마존에서 쇼핑을 하면 할수록 취미, 독서 경향, 사고방식 등이 프로파일링되어 간다. 이에 따라 아마존의 프로필은 당신과 점점 비슷해지고, 결국 거기서 당신의 윤곽이 뚜렷해진다. 그렇게 되면 아마존에서의 쇼핑은 점점 편리해진다. 특정 사이트를 사용하면 할수록 그것이 당신에게 점점 맞추어가기 때문이다. 혹은 마이크로소프트의 워드 프로세서로 문자를 입력하면 당신이 자주 사용하는 단어, 숙어를 금방 제시해준다. 워드도 사용하면 할수록 점점 변환 정밀도가 높아지기 때문에 당신이 글을 쓰는 것을 더 잘 도와주게 된다. 결국 당신 자신의 정보 입력이 알고리즘화, 계산식화되어 예상 가능한 것이 된다.

디지털 전환은 기호, 미디어의 재귀화를 초래하여 기호와 미디어의 존재 방식을 완전히 변화시켰다. 디지털 미디어에 둘러싸인 생활은 확실히 쾌적한 것이지만, 당연히 폐해도 있다. 예를 들면 아마존에 대항하여 라쿠텐(楽天) 같은 다른 인터넷 쇼핑몰이 포털 사이트 화면에서 시선이 많이 가는 장소에 웹 광고를 게재한다. 그러니까 멀티태스크를 둘러싼 경쟁이 일어나고 각각의 사이트가 자기 사이트로 이용자를 유도하려 한다. 그러나 이 흐름에 아무런 경계심도 없이 몸을 내맡겨도 좋을까. 여기서 미디어 문제를 재인식하는 활동이 필요하게 된다.

커뮤니케이션 문명 속의 불만

1980년대는 기호 소비의 시대였다. 바로 오카자키 교코(岡崎京子)의 만화가 한 시대를 풍미했을 무렵이다. 그러나 기호나 의식이 무한한 것은 아니다. 5장에서 다룬 것처럼 인간이 의식을 가지는 시간은 한정되어 있다. 의식은 시간의 함수라고 말하듯이 의식은 시간의 양으로 측정된다. 이를 생물학적으로 말하면

뇌세포의 문제이고 시냅스 형성과도 관련된다. 의식은 기본적으로 뇌를 자원으로 삼고 있다. 갖가지 자극을 처리하는 뇌는 유한한 자원이고 그 능력에 한계가 있기 때문에 외부에서 과도한 자극을 받을 때마다 다양한 곤란에 직면한다.

예를 들면 우리들은 일상적으로 다양한 사람들과 메일을 주고받는다. 그러면 그만큼 주의력을 빼앗기기 때문에 다소 피로해진다. 인터넷 서핑을 계속해도 곧 피로해진다. 거기는 우리들의 주의를 빼앗으려고 다양한 것들이 달려드는 곳이기 때문이다. 멀티태스크 경계면이기 때문에 메일이 오거나 뉴스 알림이 뜨기도 한다. TV를 보고 있을 때 우리들은 채널을 바꾸는 외에 할 수 있는 일이 없지만 PC나 스마트폰에서는 그러한 정보가 우리의 의지와 상관없이 끼어들어온다. 게다가 스스로도 링크를 통해 페이지를 날아다닌다. 멀티태스크를 하다 보면 메일이 오지 않았는지, 새로운 뉴스가 없는지, 알게 모르게 주의력이 산만해진다. 여러 가지 것들이 끼어드는 정보 생활에 익숙해지면, 그것이 없으면 오히려 안정되지 않은 듯한 느낌이 드는 것이다. 이렇게 말하는 나도 때로 그런 기분에 빠진다.

「문명 속의 불만」이라는 프로이트의 유명한 논문이 있다.[3] 거기에는 이렇게 적혀 있다. "인간은 일종의 인조신이 된 셈이

---

3 김석희 옮김, 『문명 속의 불만 – 전집 15』, 열린책들, 1997.

그림 6-3
프로이트 「문명 속의 불만」(초판, 1930년)

다. 인간이 모든 보조 기관을 부착하면 정말로 신처럼 당당하
다. 그러나 그런 보조 기관들은 인간의 성장에 맞춰 자라지 못
했고, 아직도 이따금 인간에게 많은 어려움을 안겨 준다."(276
쪽) 인간은 말하자면 보조기관을 단 인조신이다. 지금은 기계가
다양한 일을 대신 해주어 인간은 수많은 감각을 가지게 되었
다. 그러나 그것은 "인간의 성장에 맞춰 자라지 못했고, 아직도
이따금 인간에게 많은 어려움을 안겨 준다."

그리하여 지금 보컬로이드처럼 유행가는 기계가 먼저 부르
고, 그것을 인간이 노래방에서 따라 부른다. 그러한 이상한 현
상이 퍼져나가고 있다.

상징적 빈곤의 진행

사람들은 멀티미디어 생활에 완전히 익숙해져 있기 때문에 메일이 오지 않으면 어쩐지 불안해진다. 우리들은 미디어 의존증에 걸려 있어 주의를 분산시키지 않으면 오히려 안정되지 못한다. 여러분도 항상 스마트폰을 확인하고 싶지 않은가. 이러한 상태를 과잉 주의라 부른다고 5장에서 말했다.

우리들의 정신은 다양한 단말기에 의해 정보 흐름에 연결되어 있다. 거기서는 우리들의 주의력이 분산되고 의식이 자원이 되어 문화산업에 연결되며, 그것들이 거대한 정보의 소용돌이 속으로 빨려 들어간다. 나의 친구인 프랑스 철학자 베르나르 스티글러는 이러한 단계에 진입한 자본주의를 하이퍼 산업사회라 부르면서, 거기서는 정신의 생태학이 파괴되어 상징적 빈곤이 진행된다고 말한다. 상징적 빈곤이란 문화산업이 낳은 획일화된 대량 정보와 이미지에 포위되어 버린 인간이 빈곤한 판단력과 상상력밖에 가질 수 없는 마음의 빈곤상태를 말한다.

문화산업이 영화, TV 프로그램, 음악 CD, 영상 DVD, 아이패드 등 정보단말기로 송신되는 콘텐츠의 형태로 유통시키는 것은, 미분화된 시간을 그 속에 가지고 있는 시간 상품이다. 구매자의 의식 자체가 상품의 시간으로 구성된다. 현대인의 생활이 이러한 상품에 의존할수록 사람들은 자신의 의식을 상품의 시간을 통해 구성하게 된다. 소비자로서의 욕망이 산업적으로 생겨나고 사람들의 의식 자체가 시장이 된다. 4장에서 말한 마케팅과 의식의 메타 시장이 바로 그것이다.

미디어가 재귀적이 되면 소비자 한 사람 한 사람에 밀착하여 계산화되기 때문에 그것을 방치하면 이러한 경향은 더욱 심화되어 상징적 빈곤이 가속화된다. 사회 전체가 인간의 의식 생활을 보전하려는 정신 생태학의 가치를 공유하여 이 문제를 다루어야 하는 이유이다.

미디어 재귀 사회라는 과제

디지털화되면서 기호가 재귀화되고 미디어도 재귀적이 되며 정보자본주의에 의한 삶의 알고리즘화가 정신의 생태를 위협하고 있다고 지금까지 말해왔다. 이제 결론으로 향해야 할 때이다.

디지털 혁명이 진행되어 미디어가 재귀화되는 사회를 미디어 재귀 사회라고 부르기로 하자. 지금까지 말해왔듯이, 그것은 미디어가 피드백 회로를 가지고 제어 프로그램을 가동함으로써 자율적인 차원을 구성하게 된 사회를 말한다.

이러한 미디어 기술이 인간에게 위험하기 때문에 배격하자는 생각을 할 수도 있다. 그러나 그것은 산업혁명 시기에 영국에서 일어난 러다이트 운동(Luddite Movement)[4]처럼 소득 없는 짓임은 역사가 증명하는 바이다. 한편 인간은 적응력을 가지고 있기 때문에 아무리 강한 자극이나 아무리 많은 정보라도, 서서히 그것을 처리할 수 있게 될 것이라는 생각도 있을 수 있다. 시장에 모든 것을 맡기자는 것과 마찬가지로 기술 진보에 모든 것을 맡기면 된다는 것이다. 젊은이는 새로운 미디어를 상당히 잘 사용하고 있다는 자유방임주의적인 주장도 있다. 기술문명에 대한 신자유주의적 시각인 셈이다. 그러나 이러한 낙관주의에 어떠한 근거도 없다는 것은 인터넷 의존증의 다양하고 심각한 사례를 보면 명확하다. 특히 어린이들의 육아나 교육 환경을 생각하면 미디어 문제를 사회가 방치하는 것은 위험하고 또 무책임하다.

그래서 제3의 길이 필요하다.

재귀라는 말에는 두 개의 영어 단어를 대응시킬 수 있다. 지금까지 미디어의 피드백 회로에 대해 이야기해왔는데, 거기서의 재귀·재귀성이란 recursion(계속 되돌아오다), recursivity에 대응될 것이다. 한편 영어의 reflexion, reflexivity에 결부시켜 재귀·재귀성을 해석하는 것도 가능하다. reflect란 굴절하다, 반성하다의 의미이다. 즉, 재인식하여 의식화한다는 것이다.

---

4   1811~1817년에 일어났던 기계 파괴 운동.

사회이론 가운데 성찰적 근대(reflexive modernity), 성찰적 근대화(reflexive modernization)라는 개념이 있다. 근대역사를 되돌아보면 근대문명은 산업화 과정에서 지구 자원을 소진하고 환경오염과 자연파괴를 일으켰다. 생활환경의 쇠락을 초래하고 인간성을 파괴하는 일도 일어나면서 인류사회의 지속가능성 문제가 부각되었다. 일본에서도 고도성장기에 심각한 공해 문제가 빈발하여 환경문제가 심각해졌다. 지구 온난화에 의한 기후변동이 커다란 재해를 초래했고, 체르노빌이나 후쿠시마 제1원전 사고와 같은 대재앙도 일어났다. 그리하여 지구 자원과 인간 자원의 유한성을 바탕으로 사회를 구상하고자 하는 사회적인 가치관이 생겨났다. 예를 들면 자원을 계획적으로 재이용하거나 지속가능한 순환형 사회를 만든다는가 하는, 사회적인 가치를 축으로 산업사회를 재구축하고자 하는 것이다.

이러한 단계에 이른 근대 산업사회를 성찰적 근대화 단계에 있는 사회라고 부르며, 그것의 성립을 목표로 근대화 경험을 재인식하고자 하는 시도가 주목을 끌게 되었다. 『위험 사회—새로운 근대(성)를 향하여』[5]를 쓴 울리히 벡(Ulrich Beck, 1944~2015)은 하버마스와 더불어 독일을 대표하는 사회이론가였는데, 그는 경제와 과학기술이 발전함에 따라 부의 사회적 생산과 병행하여 위험도 사회적으로 생산되고, 부의 분배 문제뿐만 아니라 과학기술과 경제가 초래한 위험의 정의(定義)와 분

그림 6-4 울리히 벡

배가 사회적 논쟁의 주제가 된 위험 사회(risk society)의 단계로 진입했다고 말하며 이것을 '성찰적 근대'라 불렀다.

경제의 합리화와 테크놀로지의 진화가 궁극에 도달한 근대 산업사회에서 발생하는 내재적 위험을 재인식하고, 그에 대한 반성을 기점으로 하여 사회 시스템 자체에 피드백 회로를 작동시켜 지속가능한 사회를 만들어가자는 주장이다.

벡은 영국 사회학자 앤서니 기든스(Anthony Giddens, 1938~)와 미국 사회학자 스코트 래쉬(Scott Lash, 1945~)와 함께 『성찰적 근대화(Reflexive Modernism)』[6]라는 책을 썼다. 세계적으로

---

5 홍성태 옮김, 새물결, 2014.
6 임형진 옮김, 한울, 2010.

1980년대에 포스트모던이 논의되었으나 그것과는 달리 성찰적 근대는 근대화에 내재하는 위험과 파괴를 토대로 근대화를 반성적으로 재인식하고자 하는 가치관을 내세우고 있다고 할 수 있다.

나는 근대화 과정에서 점점 중요성이 높아지는 미디어 시스템에도 그러한 재귀성·성찰성의 패러다임이 작동해야 한다고 생각한다. 미디어 재귀 사회라는 것은, 미디어가 다양한 것을 결정하는 국면을 가지고 있는 사회라는 기술적인 개념임과 동시에 앞으로의 사회는 미디어에 대한 성찰을 내장하고 있는(그런 의미에서 미디어 재귀적인) 사회를 지향해야 한다는 가치관을 호소하는 것이기도 하다. 그것은 또한 5장에서 말한 정신의 생태학을 제창하는 것과 같다.

비평의 갱신은 가능한가

그러면 그것은 구체적으로 어떠한 것인가.

미디어에 재귀적인 물음을 제기하는 것은 종래 비평이라 불리는 활동이 수행해온 것이다. 미디어는 어떻게 의미와 의식을 낳고, 그것은 사회의 다른 시스템과 어떠한 관계를 가지는가. 그것은 인간에게 좋은 것인가, 나쁜 것인가. 활자 미디어 혹은 아날로그 미디어 시대와 같은 고정된 존재에서 벗어나, 이미 여러 번 말했던 것처럼, 미디어 자체가 재귀화된 현재 사회에서 재귀적인 활동인 비평을 어떻게 갱신하면 좋은가. 의식이 유한자원이어서, 근대화의 방향이었던 미디어 자체가 위험을 증대시키게 되었을 때 어떻게 비평적인 피드백 회로를 만들면 좋을 것인가.

우선 앎의 회로가 필요하다. 미디어에 대한 지식이 사회적으로 더 공유되어야 한다. 이 책을 통해 소개한 미디어론은, 19세기의 학문 분야가 여전히 지배하고 있는 현재의 대학 학제 속에서는 소수학문 취급을 받고 있다. 이것은 이상한 일이다. 현대 사회에서 미디어와 정보 문제가 가진 중요성을 생각하면 현재의 연구와 교육 체제는 대폭 갱신되어야 한다. 이를 위해서는 이 강의를 통해 주장해온 새로운 기호론과 같은 기초학문에서 시작하여 미디어와 정보의 학문에 대한 연구와 교육, 그리고 인재 육성 체제를 정비할 필요가 있지만, 말하자면 끝이 없기 때문에 여기서는 그 필요성만 언급하고 앞으로 나가기로 한다.

인지 테크놀로지와 리터러시 실천

5장에서 소개한 바 있듯이, 미디어 생활이 디지털로 이행하면서 미디어 현상을 IT 기술로 기록하고 분석하여 지식을 추출하는 일이 쉬워졌다. 우리 연구실의 프로젝트인 '미디어 분석을 위한 비평적 플랫폼(Critical PLATEAU)'과 프랑스 퐁피두센터 IRI 연구소의 '폴레믹 트위트(Polemic Tweet)'와 같은 비평공간의 구축, 디지털 아카이브와 하이브리드 독서 환경의 설계 등의 사례를 앞에서 이야기했다.

디지털 테크놀로지를 활용한 이러한 비평의 도구를 '인지 테크놀로지(cognitive technology)'라 부른다. 디지털 미디어의 작용을 파악하고 분석하여 지식으로 종합한다. 메타적인 인지 환경을 구축하는 것은 사회 속에 미디어의 작용을 재인식하는 재귀적인 인식 회로를 구체적으로 장착하는 데 도움이 된다. 미디어 사회에서 미디어 작용에 대한 비판은, 문자를 기반으로 종이 위에서 수행하는 칸트 이래의 비판을 넘어 비판 활동 자체가 테크놀로지로 장착될 필요가 있는 것이다. 미디어 재귀 사회에서는 이러한 연구 개발을 점점 확대하여 인간이 미디어를 재인식하는 앎의 회로가 사회에 널리 퍼질 필요가 있다.

그리고 그렇게 해야만 사람들은 미디어 리터러시를 위한 기술적 수단을 가지고 각자의 미디어 실천을 자유롭게 펼칠 수 있게 된다. 이미 말했듯이 지금은 모두 할리우드 영화회사나 TV 방송국 수준의 도구를 모바일 미디어의 형태로 가지고 있기 때문에 진정한 미디어 표현과 그 문화는 지금부터 화려하게 꽃 필 것이다.

그때는 학교나 도서관, 문화센터 등의 공공기관이 지역의 미디어 실천을 뒷받침하고 지원하는 기능을 해야 할 것이다. 그를 위해서는 학교, 도서관, 각종 문화센터, 혹은 서점 등이 디지털 시대 공공 공간의 허브로서 재탄생할 필요가 있다. 이러한 공공 공간을 갱신하는 기획으로서의 도서관 쇄신 활동에 대해서는, 스가야 아키코(菅谷明子)의 『미래를 만드는 도서관—뉴욕으로부터의 보고』와 같은 미디어 리터러시 연구를 참조하기 바란다. 나도 그러한 방향을 모색하며 대학도서관 개혁에 참여했음을 5장에서 이미 이야기했다.

자신의 플랫폼을 만들다

재귀화하는 미디어 생활에서 개인은 다양한 정보 서비스 산업에 둘러싸여 있다. 아마존 추천 서비스는 당신 이상으로 당신의 독서경향이나 취미를 알고 있으며 그에 맞추어 당신은 점점 아마존 서비스의 프로필에 가까워진다. 당신보다 먼저 컴퓨터 서버의 아바타가 당신을 선취하고 있으며, 당신이 오히려 아바타화되어 간다. 내일 무슨 옷을 살지를 생각하기 위해서는 옷장을 뒤지기보다 우선 유니클로 사이트에서 작년이나 재작년의 구매 이력을 검색하는 것이 나을지도 모른다. 사물 인터넷(IoT)이 보급되어 신체 주위의 물건들이 이에 대한 지원 기능을 더 잘하게 되면 이러한 현상은 더욱 격화될 것이다.

2장에서 미디어 시대가 되면 스펙터(망령)가 배회하는 스펙터클 사회가 될 거라고 말했는데, 디지털 미디어 재귀 사회에서는 스펙터클들이 아바타가 되어 도플갱어로서 당신을 둘러싸게 될 것이다. 그때 당신은 "도대체 나는 누구인가?", "나란 무엇인가?"라는 물음에 사로잡힐 것이다.

그에 대비하기 위해서는 디지털 미디어를 기반으로 한 생활에서 자기 자신의 재귀화를 위한 플랫폼, 즉 자신의 가치관, 사고방식, 주의력의 배분을 스스로 인식하고 자기 자신의 정보 생활을 디자인할 수 있는 노하우와 환경을 확보해야 한다.

이제는 개인의 정보 생활을 스스로 디자인할 수 있는 조건을 생각해야 한다. 사람들은 일상적으로 다양한 미디어 플랫폼으로 유도되는데, 이때 자신을 표현할 수 있는 자신의 플랫폼을 어떻게 만들 것인가가 화두로 떠오를 것이다. 앞으로 인간은 디지털 미디어에서 '개인이 되는 과정'을 디자인하는 능력을 연마하지 않으면 안 된다. 각자의 정보 생활에서 개인화 과정을 어떻게 추진해야 좋은가, 이것이 개인의 정신 생태학 문제이다.

다가올 휴머니스트

마지막으로 학교와 교육 문제이다.

일찍이 학교는 회소한 정보를 얻기 위한 기관이었다. 그러나 지금은 오히려 범람하는 정보 가운데 유익한 것을 선별하여 필요 없는 것을 버려야 하는 사회이다. 그렇기 때문에 앞으로 학교는 정보 과잉에 대응하는 교육을 하는 장소가 될 것이다.

학교에서는 미디어 재귀적인 인간, 스스로 의식적으로 주의력의 배분을 조직할 수 있는 인간을 길러낼 필요가 있다. 사회에서 개인화 과정을 큐레이션할 수 있는 방법을 제시하고 그것을 체득할 수 있는 시설과 설비를 마련하는 것은 반드시 필요한 일이다.

현재 상황을 방치해두면 주의력을 둘러싼 경쟁에 아이들이 휘말려 들어갈 것은 불 보듯 뻔한 일이다. 정신 생태학을 위해 공적 기관이, 지금까지 이야기해온 미디어 재귀적인 가치를 교육으로 보장하는 역할을 담당해야 한다.

지금 '디지털 휴머니티즈(digital humanities)'라는 인문학 쇄신 활동이 세계적으로 번져가고 있다. 나도 도쿄대에서 디지털 휴머니티즈 대학원 프로그램 책임자를 맡고 있다. '휴머니티즈'란 '인문지(人文知, 인문학)'로 번역되는데, 그것은 르네상스 이래 책을 기초로 한 인문의 학술문화 및 그 기초에 있는 학구적 태도를 가리켜왔다. 지금 문화는 책만으로 성립되지 않고 앎도 또한 디지털 기반으로 이동하는 경향을 보이고 있어 '인문지' 또한 다시 정의되어야 할 시대를 맞이하고 있다.

지금까지 말해왔듯이 비판 활동의 장을 디지털 기반으로 이동시키고, 다음 세대 연구자와 교육자를 키우기 위해 우리 시대의 학문의 기초로 '새로운 인문지'를 내보일 때이다. 또한 인문학을 연구하는 학자에게 이 시대에 걸맞은 기초적인 앎을 전수하여 도래할 휴머니스트(인문인)를 기를 사명이 있음을 깊이 자각할 필요가 있다.

디지털 미디어의 이해

맺으며

이것으로 6회에 걸친 '어른을 위한 미디어론 강의'는 끝났다. 이 책의 '들어가며'에서는 왜 '어른을 위한' 강의인가에 대해 확실하게 설명하지 못했다. 그러나 이 책을 읽은 독자들은 왜 이 책이 '어른을 위한 미디어론 강의'인지 알게 되었을 것이다.

특히 비즈니스에 종사하고 있는 사람들에게 이 책이 정보나 경제의 문제를 성찰하는(이 책에서 사용한 용어로 말하면 재귀적이 되는) 데 도움이 된다면 저자로서 그보다 더한 행복은 없을 것이다.

이 책을 집필하는 데 직접적인 계기가 된 것은 치쿠마출판사가 독자들을 모아 개최한 '치쿠마대학'의 강의였다. 야간 강의였음에도 한 달에 한 번 독자 여러분께서 열심히 찾아와주시고 내 이야기에 귀를 기울이며 때로는 예리한 질문을 던져주셨다. 새삼 감사 인사 올린다.

이 책의 내용은 내가 대학에서 담당하고 있는 '도쿄대 EMP (Executive Management Program)' 강좌와 많은 부분 중복된다. 도쿄대 EMP는 기업이나 관청의 간부후보생이 수강하는 소수 집중 프로그램인데, 비즈니스 엘리트와 국가 정책입안에 관여하는 젊은 관료들의 지칠 줄 모르는 지적 호기심과 예리하게 파고드는 열정으로 가득 찬, 격렬하고 긴장감 넘치는 토론의 연속이어서 항상 커다란 자극이 되고 있다. 관계자 여러분께도 감사 말씀 올린다.

나는 이럭저럭 30년 정도 대학 선생을 하고 있는데, 그동안 일어난 대학의 변화에는 놀랄 따름이다. 1992년에 도쿄대학에 돌아와, 새로운 대학원 전공 설립에 참가했다. 그때 도쿄대에서 가장 먼저 직장인 전형을 실시하였는데, 그들을 위해 토요일에도 강의를 개설하였다. 나의 토요일 수업은 젊은 현역 학생과 직장인이 뒤섞인 채 지금도 지속되고 있다. 방송 종사자, 저널리스트, 광고회사에서 일하는 사람, 다른 대학에서 가르치는 사람, 은퇴한 교양인, 또 국적도 다양한 대학원생들과 더불어 이러쿵저러쿵 논의에 꽃을 피우고 있다. 이것은 예전의 대학에서는 전혀 생각할 수 없는 일이었다. 수업을 들은 사람들은 사회의 다양한 분야에 진출하여 활약하고 있는데, 선생인 내가 얻는 것이 더 많았을 뿐만 아니라 현실 사회에 대해 공부할 기회도 되었다.

2000년에는 정보를 키워드로 도쿄대학에 새로운 대학원을 만드는 밀레니엄 프로젝트로서 도쿄대학 대학원 정보학환(情報學環)[1]의 설립에 참여했다. 새로운 천년을 맞이하여 정보 관련 학문을 연계하여 문·이과 융합 조직을 만드는 도전이었다. 거기에 모인 연구자는 컴퓨터 과학, 로봇 공학에서 의료과학 및 생명과학, 언어학, 철학, 법학, 사회학, 교육학, 역사학에 이르는, 각 분야를 대표하는 최고 선수들이었다. 학제 간 정보학 연구와 교육을 위한 이 드림팀에 참가하여 다른 분야 연구자와 친하게 교류하며 전공분야를 넘어 영역을 확대한 것이, 정보와 미디어에 대한 지금 내 연구의 골격을 만들었다. 이시다 기호론은 15년에 걸친 이러한 정보학환의 모험 속에서 단련된 것이다.

사반세기 남짓한 대학 선생 생활을 돌이켜보면 세상의 현란한 변화에 어지러움을 느낄 정도이다. 대학도 큰 변화를 겪었고, 내 연구 영역인 정보와 미디어는 인류문명사에서 더욱 급격하고 거대한 변화를 경험해왔다. 우리들은 지금 그 변화의 소용돌이 속에 있다고 할 수 있다.

이러한 시기에 세밀한 논의보다 앞의 상황을 조감하는 커다란 지도를 보여주는 것이 필요하다고 생각하여 이 책에서는 최근 백 년 동안의 우리들 미디어 생활의 변화를, 단순화를 두려

---

1 '정보'를 둘러싸고 다양한 학문 구성원이 협업하여 교육하고 연구하는, 도쿄대학의 실험적 형태의 학제 간 교육·연구 단위.

디지털 미디어의 이해

위하지 않고 그려 보았다.

이 책에서 소개한 모든 것에 관해 상세한 학문적 논의를 따라갈 필요가 있는데, 이를 위해 마지막에 덧붙인 참고문헌 목록에서 거론한 연구 논저를 읽어주시면 좋겠다. 이 책에서 말한, 내가 제창하고 있는 새로운 기호학에 대해서는 나의 주저(magnum opus)라고 할 만한 두꺼운 책을 지금 쓰고 있으니, 그것의 간행을 기다려주시기 바란다.

대학 운영에 노력을 기울이고 연구 자금 확보에 분주하며 새로운 연구 분야의 개척에 도전하다가, 문득 정신을 차려 보면 상아탑에 갇힌 생활을 하고 있는 나를 발견한 적도 종종 있었다. 내가 부임한 1990년대는 도쿄 고마바 캠퍼스가 빛나던 시절이었는데, '닫힌 탑에서 열린 농밀함으로'가 변혁의 구호였다. 그 후 많은 세월이 흘렀고 지(知)의 변혁은 아직 미완임을 느끼기는 하지만, 지식 세계에서도 출판계에서도 앎이 질식될 상황에서 이 책이 적절한 '열린 농밀함'을 가지고 독자 여러분에게 앎의 길잡이가 될 수 있다면 그 이상의 기쁨은 없겠다.

마지막으로 편집을 담당한 아마노 유코(天野裕子) 씨에게 깊이 감사 말씀 올린다.

2016년 1월

이시다 히데타카

옮긴이 후기 - 해설을 대신하여

이 책은 이시다 히데타카(石田英敬)의 『어른을 위한 미디어론 강의(大人のためのメディア論講義)』(ちくま新書, 2016)를 완역하고 저자의 한국어판 서문과 옮긴이의 후기 및 주석을 덧붙인 것이다. 주석은 용어 설명에 그쳤고, 제목은 저자와 협의하여 한국 독자들에게 좀 더 친숙하게 다가갈 수 있고 책의 핵심을 담을 수 있도록 수정하였다.

제4차 산업혁명이라는 말이 한국 사회의 화두가 된 듯하다. 지난해인 2016년 다보스 포럼에서 클라우스 슈밥이 제창하고 책으로도 간행·번역되어 나와 흔하게 회자되는 이 말은 기업에서뿐만 아니라 국가나 개인의 차원에서도 우리가 나아가야 할 방향을 제시하는 말로 받아들여지고 있다. 사람들이 이것에 대해 가지는 관심은 대부분 경제적인 것과 관련되어 있다. 기업이나 국가 차원에서는 다른 기업이나 국가에 앞서서 미래의 먹거리를 개척하려는 관심이 주된 것이고, 개인의 차원에서는 자신이 하는 일이 격심한 변화 속에서도 계속 유지될 수 있을지를 우려하는 듯하다.

보통 초연결성, 초지능화를 특징으로 하고 빅데이터나 인공지능 기술을 통해 설명되는 제4차 산업혁명은, 이시다에 따르면 모든 것이 컴퓨터가 되는 현상을 산업의 측면에서 설명한 것이다. 모든 것이 컴퓨터가 된다는 것은 사람이나 물건에 모두 컴퓨터가 장착되어 그것들이 서로 연결됨을 의미한다. 이를 통해서 인간과 인간, 인간과 사물, 사물과 사물의 관계를, 서로 연결된 컴퓨터가 제어하는 세계가 제4차 산업혁명이 그리고 있는 사회상일 터이다. 이러한 변화는 단지 산업의 형태나 직업의 형태를 바꾸는 데 그치지 않고 인간과 사회의 존재 양상들도 폭넓게 변화시킬 것은 틀림없는 사실이다. 따라서 그러한 변화를 기술과 산업의 측면에서 조망하는 것만으로는 부족하다. 이 책은 인류사의 견지에서 이러한 새로운 사태를 어떻게 해석해야 할지, 또 그러한 변화 속에서 인간은 어떠한 존재로 변하고 있는지, 또한 어떻게 하면 인간이 이 속에서 자율성을 유지할 수 있는지를 묻는다.

미디어는 문자 그대로 매개(media)를 뜻하는 것인데, 그것은 나와 너, 나와 사물을 연결해준다. 그런 점에서 보면 최초의 미디어는 말이라 할 수 있다. 인간은 말을 통해 사물의 의미를 파악하고 타인과 소통하며 세계에 대한 형상을 그릴 수 있다. 그러나 말은 인간 내부에 존재하는 것이기 때문에 진정한 의미에서 미디어가 될 수 없다. 인간 외부에 존재하면서 인간과 타자를 매개하는 본격적인 미디어는 문자라 할 수 있는데, 인간은 문자를 통해서 정신을 외부화할 수 있게 되었고 또 시공간적으로 먼 곳까지 그것을 전달할 수 있게 되었다. 인간 정신의 외부화라는 문제가 미디어 문제의 핵심이고 컴퓨터가 그것을 대신하게 되었다고 해도 그 본질은 달라지지 않는다. 또한 정신의 외부화는 기술의 문제를 동반하게 된다는 것도 미디어의 본질이라 할 수 있다.

손으로 문자를 쓰는 활동이 본격적인 미디어의 성립이라 했는데, 그것은 직립으로 가능해진 뇌의 활동(기호 활동)과 손의 활동(기술 활동)의 결합이다. 미디어의 문제에 처음부터 기술의 문제가 결부되어 있었던 것이다. 이때 문자란 언어의 한 형태인 문자(letter)에 국한되지 않고 인간이 손으로 쓸 수 있는 글과 그림을 모두 뜻하는 문자(graph)를 뜻한다. 이 책에서 문자라고 했을 때는 기본적으로 글과 그림을 모두 포함하지만, letter의 개념으로도 쓰고 있기 때문에 혼동을 초래하기도 한다. 그러나 읽다 보면 자연스런 구분이 가능하기 때문에 일일이 구분해서 표기하지는 않았다.

정신의 외부화인 문자가 생기면 어떤 현상이 벌어지는가. 기억의 유한성 때문에 문자가 생겨났지만, 문자에는 반드시 해석의 문제가 따른다. 왜냐하면 문자는 다양한 독해가 가능하기 때문이다. 인간은 백지상태에서 태어나는 것이 아니라, 죽은 자들이 남긴 인공적인 환경, 즉 문자들 사이에서 태어난다. 이 문자들을 해석함으로써 문화를 만들고 삶을 영위하는 것이 인간의 조건이라 할 수 있고, 이러한 인간의 조건을 탐구하는 것이 인문학이라는 존재일 것이다. 인간의 기억이나 의식은 어떻게 만들어지는가. 하이데거의 말처럼 타자의 기억 속에서 인간은 태어나고, 현재는 과거의 의해 규정되며, 우리들은 죽은 자들의 의식 속에서 살아가고, 이를 해석함으로써 인간은 인간다워질 수 있는 것이다. 이러한 문제는 문자를 손으로 쓰지 않고 기계가 대신 쓰는 시대에도 유효하다. 단지 기계가 쓴 문자들 사이에서 그것을 해석함으로써 인간은 의식을 만들고 의미를 만들어간다는 점이 다를 것이다.

그렇다면 기계가 쓴 문자들 사이에서 살아간다는 것은 어떤 의미인가. 제1차 미디어 혁명, 즉 아날로그 미디어 혁명이라고 불리는 현상이 이것인데, 이는 19세기 말에 사진, 영화, 축음기, 전화 등의 기술이 발명됨으로써 가능해졌다. 인간 정신의 외부화를 기계가 대신하면서 테크놀로지 문자를 만들어냈고, 우리들은 그러한 환경에 둘러싸여 그것들을 해석함으로써 의미를 만들어내는 시대를 살고 있다. 테크놀로지 문자는 인간 정신의 외부화라는 점에서는 손으로 쓰는 문자의 연장선에 있지만, 테크놀로지 문자와 인간 정신 사이에는 메울 수 없는 틈이 있다는 점에서 차이도 있다.

이 틈을 이시다는 '기술적 무의식'이라고 부르며 두 차례에 걸친 미디어 혁명의 연속성을 설명한다. 기계에 의해 가능해진 다양한 미디어는 인간이 알 수 없는 방식으로 인간이 포착하지 못하는 것을 포착하여 그것을 통해 인간의 의식을 만들어낸다. 인간은 자신이 통제하지 못하는, 테크놀로지 문자에 의해 만들어진 어떤 무의식을 안고 정신생활을 영위하고 있는 것이다. 문화산업이나 마케팅이 우리의 욕망이나 의식을 미리 방향 짓지만 우리들은 그것을 인식하지 못한 채 살아가는 것이다. 프랑크푸르트학파가 제기한 문화 산업의 폐해, 즉 '생각하지 않음'을 기술적 무의식의 문제로 다시 파악한 것이 이시다의 논리라 할 수 있다.

제2차 미디어 혁명, 즉 디지털 미디어 혁명은 이러한 기술적 무의식 문제를 여전히 안고 있으면서 그것을 심화시켰다. 이전의 미디어가 다양한 형태와 방식으로 인간 정신을 외부화하였다면, 컴퓨터로 대표되는 디지털 기기는 0과 1이라는 동일한 형태와 동일한 방식으로 인간 정신을 외부화하였다. 인간 의식이 정보를 처리하는 기호과정과 컴퓨터가 정보를 처리하는 정보처리 과정이 인터페이스를 사이에 두고 각기 행해지며, 인간은 그 정보처리 과정을 알 수 없다는 사실이 기술적 무의식 문제를 더욱 심화시킨다. 더군다나 사물 인터넷에 이르면 컴퓨터와 연결된 사물 자체가 자동으로 정보를 처리하기 때문에 인간의 의식이 더욱 미치지 못하게 된다. 이러한 사회에서는 0과 1이라는 정보처리의 원리가 인간 의식의 원리가 되어 인간 정신이 분극화되고 알고리즘화되는 현상이 심화된다. 그러니까 인간의 정신 자체가 컴퓨터의 원리와 같이 작동할 가능성이 커지는 것이다.

반면에 디지털 혁명은 비평의 가능성을 낳기도 했다. 디지털화된 아날로그 미디어는 컴퓨터에 의해 분석 가능한 존재가 되어 어떠한 장치에 의해 어떠한 효과를 발생시키는지를 의식의 표면에 올려 성찰할 수 있게 된다. 이시다 연구실에서 가동하고 있는 테크놀로지 문자의 비평 도구인 'TV 분석의 지혜의 나무'는 그것을 잘 보여주는데, 저자와 인터뷰를 하면서 그 실제 모습을 볼 수 있는 기회가 있었다. 예를 들면 맥주 광고에서 여름과 겨울에 어떻게 구성을 달리하여 맥주 소비에 대한 욕망을 발생시키는가를 초 단위로 분석된 컷 분할을 통해서 설명할 수 있다. 그러나 그것은 아날로그 미디어에 의해 생산된 문화 산물의 분석에는 적합할지 모르지만, 디지털 미디어에 대한 분석으로는 보기 힘들다는 단점도 있었다. 이시다의 비유를

옮긴이 후기 - 해설을 대신하여

거꾸로 하면 B-29로 죽창을 폭격하는 것이라고나 할까. 그러나 그것은 미디어 비평의 단초로 작동할 수는 있을 것이고, 그것을 확대해나가면, 또한 디지털 미디어의 원리에 대한 규명에 발맞추어 비평 수단을 갱신해나가면 무의식적으로 컴퓨터화되어 가는 인간 정신의 자율성을 회복할 수 있는 길도 열릴 수 있을 것이라 생각된다.

디지털 미디어에 대한 비평은 인간이 그것에 둘러싸인 생활을 하면서 그것을 통해 의식을 만들어나가는 정신생활을 영위할 때 반드시 필요한 활동일 것이다. 저자는 인터뷰에서 컴퓨터의 한계와 가능성을 모두 이해하는 것이 새로운 변화 속에서 인간이 자율성을 유지하며 살아가는 방법이라고 말했다. 인간이 컴퓨터, 즉 디지털의 원리에 맞추어 사고하고 생활하는 것은 인간을 노예로 만들 것이라고 한다. 이를 자각하지 못하면 인간은 점점 컴퓨터와 비슷한 존재가 될 것이고, 컴퓨터의 아바타가 될 뿐이다. 그것은 컴퓨터의 탓이 아니라 컴퓨터를 제대로 이해하지 못하는 인간의 탓이다. 컴퓨터는 컴퓨터의 논리에 따라 작동하고 인간은 컴퓨터를 잘 이해하고 해석하는 인간이 될 필요가 있다는 것이다. 정신의 생태학은 그런 점에서 의미를 가진다.

인공지능의 문제도 마찬가지라 할 수 있다. 컴퓨터가 인간을 이겼다는 식으로 인공지능을 표상하는 것 자체가 문제라는 설명이다. 빅데이터나, 연산처리 기술의 발달, 딥러닝·머신 러닝 등으로 인공지능이 가능해졌지만, 이러한 사태를 인공지능과 인간의 대결이라는 식으로 사고하는 것은 사태의 본질을 은폐하는 결과를 낳는다. 인공지능을 인간처럼 표상하기 때문에 과대한 공포와 과대한 기대가 공존하고 있다. 그러나 오히려 인간이 살아가는 환경 자체가 거대한 뇌로 변해가고 있고 그 속에서 인간이 살아가고 있다고 생각해야 한다. 이렇게 달라진 환경에서 인간은 어떻게 해석하고 판단할 것인가를 고민하는 것이 필요하며 그 속에서 교육의 문제를 생각해야지 인간이 컴퓨터와 같은 사고를 하도록 하는 것은 조금도 도움이 되지 않는다는 것이다. 인공지능은 새로운 해석이 불가능하고 인간만이 그것을 행할 수 있으며, 인간이 어떤 목표를 세우고 무엇을 해명할 것인가를 설정하지 않으면 컴퓨터는 해석활동을 할 수 없다.

딥러닝을 통해 인간의 언어를 학습한 인공지능에 트위터를 부착했더니, 그것이 인종주의적, 성차별적 언사들을 남발했다고 한다. 인공지능에게는 타자 감각이 없을 뿐만 아니라 윤리의식도 존재하지 않는다. 그러나 그것은 인공지능의 탓이라기보다는 인공지능을 잘못 이해한 인간의 탓이라 할 수 있다. 인공지능에게 윤리의식을 구한다는 것은 원천적으로 불가능하기 때문이다. 이러한 시대에 인간의 가치, 교육의 가치는 무엇인가

옮긴이 후기 – 해설을 대신하여

를 진지하게 되물어야 한다는 것이 저자의 전언이다. 한 인간의 뇌보다 1조 배나 용량이 큰 세계의 뇌, 환경의 뇌는 인간의 좋은 점, 나쁜 점을 모두 갖고 있으며 이것을 선별하여 어떻게 세계를 설계하는가는 우리 인간의 몫이고 인문학과 사회과학의 역할이다.

　이것으로 이 저서가 전달하려는 메시지가 좀 더 뚜렷해졌을 것이다. 어떤 내용은 이 책에 나오는 내용이지만, 또 어떤 내용은 저자와의 인터뷰를 통해 옮긴이가 재해석하고 보충한 것이다. 인터뷰는 지난 2016년 5월과 11월 두 차례에 각각 2시간 정도 이루어졌다. 책 내용과 중복되는 이야기가 많아 인터뷰 내용을 모두 수록하지 않고 해설 속에 녹여서 표현했다. 그렇기 때문에 이 해설 내용은 옮긴이의 것이면서 동시에 저자의 것이기도 하다. 그러나 저자의 몫조차 옮긴이의 머릿속에서 재구성된 것이기에 책임은 모두 옮긴이에게 있다.

참고문헌

들어가며

Marc Azéma, *La Préhistoire du cinéma: Origines paléolithiques de la narration graphique et du cinématographe*, Editions Errance, 2015.

1장

지그문트 프로이트, 박찬부 옮김, 「'신비스런 글쓰기 판'에 대한 소고」, 『쾌락원칙을 넘어서 – 전집 14』, 열린책들, 1997.
지그문트 프로이트, 박찬부 옮김, 「자아와 이드」, 『쾌락원칙을 넘어서 – 전집 14』, 열린책들, 1997.
플라톤, 조대호 옮김, 『파이드로스』, 문예출판사, 2008.
Jacques Derrida, trans. by B. Johnson, "Plato's Pharmacy", *Dissemination*, Chicago: University of Chicago Press, 1981.

2장

미야자와 겐지, 고한범 옮김, 『봄과 아수라』, 웅진출판, 1996.
발터 벤야민, 최성만 옮김, 「기술복제 시대의 예술작품」, 『기술복제시대의 예술작품, 사진의 작은 역사 외』, 길, 2007.
에드문트 후설, 이종훈 옮김, 『시간의식』, 한길사, 1996.
페르디낭 드 소쉬르, 최승언 옮김, 『일반 언어학 강의』, 민음사, 2006.

André Leroi-Gourhan, *Le geste et la parole*, Paris: Albin Michel, 1964-1965.

Bernard Stiegler, *La technique et le temps*, Paris: Galilée/Cité des sciences et de l'industrie, 1994.

Friedrich A. Kittler, trans. by Geoffrey Winthrop-Young and Michael Wutz, *Gramophone, film, typewriter*, Stanford, Calif.: Stanford University Press, 1999.

Gottfried Wilhelm Freiherr von Leibniz, trans. by Leroy E. Loemker, "Dissertation on the Art of Combinations", "On the General Characteristic", *Philosophical papers and letters; a selection*, Dordrecht, Holland: D. Reidel, 1976.

Umberto Eco, trans. by James Fentress, *The search for the perfect language*, Oxford, UK Cambridge, Mass., USA: Blackwell, 1995.

Wilder Penfield, *The Mystery of the mind: a critical study of consciousness and the human brain*, Princeton: Princeton University Press, 1975.

3장
귀스타브 르 봉, 이재형 옮김, 『군중심리』, 문예출판사, 2013.

안토니오 그람시, 이상훈 옮김, 『그람시의 옥중수고(1~2)』, 거름, 1999.

에드워드 버네이스, 강미경 옮김, 『프로파간다 – 대중 심리를 조종하는 선전 전략』, 공존, 2009.

찰스 샌더스 퍼스, 김동식 · 이유선 옮김, 『퍼스의 기호학』, 나남, 2008.

테오도르 W. 아도르노 & M. 호르크하이머, 김유동 옮김, 『계몽의 변증법 – 철학적 단상』, 문학과지성사, 2001.

프레드릭 테일러, 방영호 · 오정석 옮김, 『과학적 관리법』, 21세기북스, 2010.

Daniel Bougnoux, *Introduction aux sciences de la communication*, Paris: éditions la découverte, 1998.

Stuart Ewen, *PR! a social history of spin*, New York: Basic Books, 1996.

V. I. Lenin, "The Taylor System —Man's Enslavement by the Machine", *Lenin Collected Works Volume 20*, Moscow: Progress Publishers, 1972.

4장

고트프리트 빌헬름 라이프니츠, 윤선구 옮김, 『형이상학 논고』, 아카넷, 2010.

앤드루 호지스, 박정일 옮김, 『튜링: 이미테이션 게임』, 해나무, 2015.

조지 오웰, 정회성 옮김, 『1984』, 민음사, 2003.

질 들뢰즈, 김종호 옮김, 「통제 사회에 대하여」, 『대담 1972~1990』, 솔, 1994.

클로드 엘우드 섀넌, 진용옥 옮김, 『통신의 수학적 이론』, 통신정책연구소, 1985.

호르헤 루이스 보르헤스, 황병하 옮김, 「기억의 천재 푸네스」, 『픽션들 – 전집2』, 민음사, 1994.

Antoinette Rouvroy et Thomas Berns, "Gouvernementalité algorithmique et perspectives d'émancipation", *RESEAUX* No.177, janv 2013.

Charles Petzold, *The annotated Turing : a guided tour through Alan Turing's historic paper on computability and the turing machine*, Indianapolis, IN: Wiley Pub., 2008.

Frederic Kaplan, "Quand les mots valent de l'or: vers le capitalisme linguistique", *Le Monde diplomatique*, nov. 2011.

Jorge Luis Borges, trans. by Andrew Hurley, "On Exactitude in Science", *Collected Fictions*, New York: Penguin Books, 1999.

Yann Moulier Boutang, trans. by Ed Emery, *Cognitive capitalism*, Cambridge, UK Malden, MA: Polity Press, 2011.

5장

매리언 울프, 이희수 옮김, 『책 읽는 뇌』, 살림, 2009.

움베르토 에코 & 장 클로드 카리에르, 임호경 옮김, 『책의 우주』, 열린책들, 2011.

조너선 크레리, 김성호 옮김, 『24/7 잠의 종말』, 문학동네, 2014.

허버트 마셜 맥루헌, 임상원 옮김, 『구텐베르크 은하계 – 활자 인간의 형성』, 커뮤니케이션북스, 2001.

Chris Anderson, "THE END OF THEORY: THE DATA DELUGE MAKES THE SCIENTIFIC METHOD OBSOLETE", *Wired*, 2008.6.23. (http://www.wired.com/2008/6/pb-theory)

H. A. Simon, , "Designing Organizations for an Information-Rich World",
   edit. by Martin Greenberger, *Computers, Communication, and the
   Public Interest*, Baltimore: The Johns Hopkins Press, 1971.
Mark A. Changizi & Qiong Zhang & Hao Ye & Shinsuke Shimojo, "The
   Structures of Letters and Symbols throughout Human History Are
   Selected to Match Those Found in Objects in Natural Scenes", *The
   American Naturalist* Vol. 167 No. 5, 2006. 5.
N. Katherine Hayles, "Hyper and Deep Attention: The Generational Divide
   in Cognitive Modes", *Profession*, 2007.
Stanislas Deheane, *Reading in the brain: the science and evolution of a
   cultural invention*, New York: Viking, 2009.
フリードリヒ キットラー, 「メディアの存在論に向けて」, 大宮勘一郎訳, 石田英敬他編,
   『デジタル・スタディーズ2: メディア表象』, 東京大学出版会, 2015.
石田英敬, 「モバイル・メディアと意味のエコロジー」, 『Mobile Society Review
   未来心理』, Vol. 003, NTTモバイル社会研究所, 2005.
石田英敬, 「意味のエコロジーとは何か」, 『UP』No. 377, 東京大学出版会, 2004. 3.
石田英敬·西兼志·中路武士·谷島貫太, 「批評プラットフォーム <クリティカル・プラトー>」,
   『情報学研究: 東京大学大学院情報学環紀要』, No. 79, 2010.11.

6장
앤서니 기든스, 임현진·정일준 옮김, 『성찰적 근대화』, 한울, 1998.
울리히 벡, 홍성태 옮김, 『위험사회: 새로운 근대(성)을 향하여』, 새물결, 1997.
쟝 보드리야르, 이규현 옮김, 『기호의 정치경제학 비판』, 문학과지성사, 1998.
지크문트 프로이트, 김석회 옮김, 「문명 속의 불만」, 『문명 속의 불만 – 전집 15』,
   열린책들, 1997.
허버트 마셜 맥루헌, 김성기·이한우 옮김, 『미디어의 이해: 인간의 확장』,
   민음사, 2002.
Bernard Stiegler, *De la misère symbolique 1: L'époque hyperindustrielle*,
   Paris: Galilée, 2004.

Theodor Nelson, *Computer Lib: You Can and Must Understand Computers Now; Dream Machines: New Freedoms Through Computer Screens*—A Minority Report, Self-published, 1074.

管谷明子,『未来をつくる図書館 ニューヨークからの報告』, 岩波新書, 2003.

石田英敬・吉見俊哉・マイク フェザーストーン編, シリーズ〈デジタル・スタディーズ〉全三卷,『1-メディア哲学』,『2-メディア表象』,『3-メディア都市』, 東京大学出版会, 2015.

찾아보기

디지털 미디어의 이해

263